Vozes

Ana Luísa Amaral

# VOZES

*Posfácio*
Vinicius Dantas

**ILUMI/URAS**

*Copyright © 2013*
Ana Luísa Amaral

*Copyright © desta edição*
Editora Iluminuras Ltda.

*Capa*
Eder Cardoso / Iluminuras

*Revisão*
Eloiza M. Lopes

CIP-BRASIL. CATALOGAÇÃO-NA-FONTE
SINDICATO NACIONAL DOS EDITORES DE LIVROS, RJ
A512v

Amaral, Ana Luísa, 1956-
  Vozes / Ana Luísa Amaral. - São Paulo : Iluminuras, 2013.
  120p. : 23 cm

  ISBN 978-85-7321-401-7

  1. Poesia portuguesa. I. Título.

12-8055.                    CDD: 869.1
                            CDU: 821.134.3-1

31.10.12  06.11.12                              040407

2013
EDITORA ILUMINURAS LTDA.
Rua Inácio Pereira da Rocha, 389
05432-011 - São Paulo - SP - Brasil
Tel. / Fax: 55 11 3031-6161
iluminuras@iluminuras.com.br
www.iluminuras.com.br

## ÍNDICE

*silêncios*, 9

### A IMPOSSÍVEL SARÇA
biografia (curtíssima), 13
a impossível sarça, 14
feitos de lava: oito poemas, 15
estados da matéria, 20
noturnal, desatraindo o som, 21
da solidão da luz, 22
nem diálogo, ou quase, 24
do ar: apontamentos, 27
¡quase soneto e de amor!, 30
Salomé revisitada, 31

### BREVE EXERCÍCIO EM TRÊS VOZES
a pantera, 35
amordaçando a serpente, 36
*et pourtant*, antes tu que a terra fria, 37

### TROVAS DE MEMÓRIA
palimpsesto, 41
mais um sal de memórias: fala o cavaleiro, 42
outro sal de memórias: a dama responde, 44
e a memória em sextinas: fala o cavaleiro, 47
em trovas de memória: a dama responde, 50
Inês e Pedro: quarenta anos depois, 53

### ESCRITO À RÉGUA
escrito à régua, 57
junto a levíssimo pormenor de estilo, 58
gato em apontamento quase barroco e de manhã de sábado, 60
sonho em quase soneto, 61
estratégias, 62
a vitória de samotrácia, 64
outras metamorfoses da memória, 65
psicanálise da escrita, 68

comunicações, 69
dores provocadas, 70

OUTRAS ROTAÇÕES: CINCO ANDAMENTOS
Galileu, a sua torre e outras rotações, 73

OUTRAS VOZES
a gênese, 81
outras vozes, 84
o sonho, 86
o promontório, 88
a cerimônia, 90
o retrato, 93

*vozes*, 97

PALAVRA SOBRE *VOZES*, 99
*Vinicius Dantas*

SOBRE A AUTORA, 115

*silêncios*

ao meu amigo Paulo Eduardo Carvalho,
a saudade, sempre

*«não queres fazer o silêncio*
*comigo?»,*
*perguntei-te uma vez*

*agora, sei:*

*irradiando em sol*
*de mil palavras,*
*sempre o fizeste*

*a ele e à alegria —*

*assim, alegria e silêncio*
*hão de ficar*

*os dois somados juntos,*
*lado a lado*

*e agora,*
*o sol está bem,*
*o azul igual a azul,*
*porque te tem*

*e  as contas*
*todas*
*que tu corrigiste*
*hão de dar sempre certas*

a impossível sarça

## BIOGRAFIA (CURTÍSSIMA)

Ah, quando eu escrevia
de beijos que não tinha
e cebolas em quase perfeição!

Os beijos que eu não tinha:
subentendidos, debaixo
das cebolas

(mas hoje penso
que, se não fossem
os beijos que eu não tinha,
não havia poema)

Depois, quando os já tinha,
de vez em quando
cumpria uma cebola:

pérola rara, diamante
em sangue e riso,
desentendido de razão

Agora, sem contar:
beijo ou cebolas?

O que eu não tenho
(ou tudo): diário
surdo e cego:

vestidos por tirar,
camadas por cumprir:

e mais:
imperfeição

## A IMPOSSÍVEL SARÇA

Que mais fazer
se as palavras queimam
e tanta coisa em fumo em tanta coisa
sarças ardentes do avesso
o fogo em labaredas que mais
fazer

Que mais fazer
se nem a água tantas vezes
descrita     abençoada
mas de mais e cristã
também castigo

Mas como nem castigo
nem as nuvens de fumo na sarça
do avesso
se tudo no avesso
das palavras

que não chegam
— mas cegam

## FEITOS DE LAVA: OITO POEMAS

*Açores, 2009*


1.

Há de ter sido assim:
o princípio do mundo
— antes de os grandes sáurios
invadirem o chão
e os céus

Muito antes
da súbita explosão
que lhes pôs fim

Há de ter sido assim:
um caldo borbulhante
e os veios roxos,
entre azul e lilás,
a rocha
negra     negra     negra

— e cor
de fogo


2.

Ou nessas veias:
via sacra de espanto
informe,
a promessa das formas
mais perfeitas

Ou ali antes:
a quase perfeição?

Uma forma de fala
entre o quase trovão
e o ressoar,

o tempo que parou,
sem voz —


3.

Depois,
a lava fria,
lagos da lava fria

— e a perder-se
o olhar,
cratera quase igual
a gelo e lua,
quase sem luz,
o tempo a repetir:

o fim do mundo,
quem sabe
o seu romper


4.

Não tem conforto
o corpo
ao lado da cratera

sabe-lhe a cinza,
sente-lhe o vazio

e a implosão
das veias
e do sangue

5.

Esta paisagem
não tem a cor de areia,
mas é cor de vulcão
a sua carne

e de repente,
como em flanco,
o verde em vários
lumes

E o horizonte:
tão liso,
como se fosse
orientado
a régua


6.

Mas nulos são
os pontos cardeais

Onde quer que o olhar,
navegam as estradas,
e o mar sobeja

— sempre o mar —

sobrando,
campos bordados
a rosa e a lilás,
de mais, de mais
as flores

Não há voz
que resista,

nem coração
que fale


7.

A enseada
de repente
invadiu-se de barcos

pequenos,
coloridas as bandeiras,
quase
uma via sacra

Ou o conforto humano
em luta contra o sal
a lutar contra o frio
do nevoeiro

a lutar contra
o sol


8.

Faltava só
o nevoeiro
aqui

E vinha já de cima,
de antes dos grandes sáurios,
dos veios roxos,
do caldo borbulhante

De lá chegara já,
embora omisso
em letra

Nesta letra
que tanto se esforçou
em fogo
e lava,

faltava
ver-se
nula

E o princípio
de tudo
é como um quadro
negro

E é lógico
que a apague
em número:

desenhado
arremedo
de
infinito

## ESTADOS DA MATÉRIA

Não estamos em azul, nem em abril, nem é
o campo inglês, nem a luz atravessa o resto

do teu braço. Eros caiu sozinho de cansaço
de tanto tempo se encostar ao verso e não a ti.

Como se não chegasse este estado de drama,
o espelho na parede sofre de assimetria,

e descolou-se a jarra do seu espaço de fama:
estar no centro da sala, que é o que mais seduz.

Enterrou-se sozinha na terra do jardim
e é o sol que vê, em vez da luz do teto,

e vive do avesso, como vive o teu braço,
suspenso deste verso separado do resto.

Não estamos em azul e ele perdeu as asas,
e com elas o vento em redor se perdeu.

E igual ao albatroz semiassassinado,
num campo nem inglês voga agora o navio.

Mas nem isto é balada nem estão certas as sílabas
em poema que agora nem sólido, nem líquido.

Só o estado de drama ameaça fugir
para um estado maior — estado de sítio —

## NOTURNAL, DESATRAINDO O SOM

Em cima desta mesa, a luz acesa
Dá-me a medida exata desta noite:
Fria chuva de Junho, a gata que me espia
Ali do corredor, e me vigia um sono
Que não vem.

Espera-me, de olhos que são
Como gumes de espada, e um pelo
Acetinado e muito doce,
Espera-me, como amante.

São quentes os meus pés,
Quando chegar a hora e ela vier
Deitar-se ao fim da cama.

É quente o cobertor,
Que esta noite de Junho, em chuva e fria,
Na noite convocou.

Vou apagar a luz. Sair da mesa.
Ela aguarda. E eu vou —

## DA SOLIDÃO DA LUZ


A casa em ruínas que vejo daqui
salta da janela, entra nesta sala,
mas não tem janelas que a façam brilhar,
as molduras rotas carregadas de ar,
as portas cobertas da hera mais pura,
as telhas brilhantes de ausência de cor,
e um buraco imenso onde o coração
devia luzir, se as ruínas não —

Morre devagar, como o universo,
galáxias e mares de estrelas e sóis:
política rara sem reis nem senhores,
mas tenso equilíbrio de forças sem luz.

Morrem devagar o tempo e os livros,
as estantes todas que habitam a sala:
pobre microcosmo do Bem e do Mal,
e do que nem isso, que é o mais vulgar.

Lembra-me, escarlate, só pela memória,
um livro maior de forças a sério:
o claro e o escuro de um igual terror

À casa em ruínas salvam-na essas asas
que vejo daqui, saltam da janela
e entram nesta sala. Não são as do anjo,
mas têm nas penas um sistema hidráulico
que as faz oscilar e rasar os ventos.

Olham-me, sombrias, dentro de um futuro
liso e sem ruínas — só de um chão mais puro
onde a casa houve, de janelas rasas
carregadas de ar. Só ele é comum
ao anjo e a elas, elas cheias dele,
ele, transportado e oscilando em paz.

Quando for sem ser? Só um limpo instante
de equalizador: ruínas e ventos,
janelas e anjo, heras e senhores
em mudas frequências, enxutos os sons?

E um poço vazio onde o coração
foi visto bater: partícula igual
ao pó de um cometa que um dia rompeu,
devorando o ar. E a casa em ruínas
abrandada em tempo, vogando no branco
de resplandecentes seis sílabas. Sós.

## NEM DIÁLOGO, OU QUASE

> Um tempo pouco apetecido — ou muito apetecido, igual a esta nuvem,
> a este rio que vai e vem, mas não fica nunca. «Escreve», disse.

Imagino-te, minha mão,
numa sala cheia de sol,
as cortinas transparentes ao lado,
uma mesa ampla.
Dizes-me: «escreve».

Desejar uma onda,
uma avalanche de paixão entre os dedos,
o tempo: este papel pequeno.
Escuto, mas há coisas com gume de espada
e não consigo obedecer como gostava.

Estão impressas na memória,
as palavras,
mas era aqui que um verso do avesso,
sons transparentes,
haver bolhas de sons

Como uma sala a sol,
os grãos de luz
na mesa muito ampla
não formam um padrão que se organize.
«Escreve»,
continua a minha mão.

Mas o céu repete-se tão claro,
o rio é como roda que não para,
bicicleta com aros de metal fundente.
E o frio sente-se aqui.

«Não sei», respondo-lhe.
«Comprei agora este caderno, a sua capa é verde,
não conheço esta mesa, nem o seu mármore,

não há família entre mesa, caderno, esta nova caneta,
onde se esconde a mesa que conheço?,
o verde carregado?,
não sei», insisto.

«Só te conheço a ti, ó minha mão.
E até hoje me pareces longínqua.
Onde está essa onda?
Onde a avalanche de que eu precisava?»

Toca-te devagar a outra mão.
Conhecem-se a calor.
Mas, eu?
Entre verde e caderno, tudo novo,
o azul quase gume,
as espadas de gume circular,
o tempo em vidro,
é tão fácil perder-te.
«Talvez virando aí à tua esquerda», digo-te,
«descendo-me do ombro.
Talvez aí eu te consiga ver ao longe,
acenar-te sem sons».

«É por aqui», repito.
Mas tu não vês a luz
que passou a vermelho e de repente.
E moves-te entre carros, sons de carros,
de vozes.

E só agora, e afinal, reparo
que a minha mão nunca saiu daqui,
ficou entre cadeiras, sossegada.
Não está dispersa,
não era sua a voz,
por isso essa avalanche lhe pareceu serena.

Chamei-vos «minha mão»,
mas sois os monstros largos que me assaltam.
Já não é sol o sol,
é deste tempo o tempo.

E todavia, pesadelos meus,
podemos tomar chá, se desejardes,
vós que não me sois mão,
mas lhes sabeis da forma, a imitais,
vos transformais em dedos,
unhas, sangue.

Vinde,
ressuscitados em carne e gente,
e sentai-vos aqui.
Olhai: as minhas duas mãos,
as duas:
preparam-vos o espaço.
Não sei como chamar-vos, por que nome.
Parcas, moiras, melopeias de brilho.
Não sei como chamar-vos.

Mas finalmente escrevo.

## DO AR: APONTAMENTOS

1.

Uma coisa qualquer
de mais sinestesia e musical
e o êxtase ou terror
aqui, neste avião, ao pressentir
como tangente ao perigo
é a vida das aves

Ao mesmo tempo,
sentir o pôr do sol,
deslumbramento a cor de sangue,
um mar ou rio que não conheço,
será de Ostende,
ou talvez não,
mas abre-se num mar
que é também meu

Entre nós e a água,
em holograma,
as nuvens como exércitos
pintados


2.

Seria assim
que Ícaro se sentiu
quando se viu
aproximar do sol?

Será que atravessou também
as nuvens
e se ficou a olhá-las
como um mar de espuma
que apetece pisar
e navegar?

Brancos flocos macios
um mar inteiro
de ondas silenciosas
e paradas

E será que o seu último
juízo
foi de paz
e profunda alegria

antes de derreter
as suas asas
e tombar cá do alto
para o sólido
e carinhoso
chão?


3.

A noite invade,
agora

Como disse uma vez:
nem tu, nem Ícaro,
nem nada

Fui eu que o apaguei,
ao sol,
ao longo das palavras,
num advérbio
longo:
irredutivelmente

Depois o acendi
mais uma vez,
como uma lâmpada
de milhares de watts

E todavia,
aqui,
nesta cidade,
devendo haver cinzento
e chuva,
ele teima em brilhar

Quem
o mandou ligar,
ao sol,
se eu o queria
apagado?

Resta-me só
sinestesia
e pouco mais:
talvez falar do mito
e imitar com Ícaro
o medo
ou a alegria
que o chão traz —

## ¡QUASE SONETO E DE AMOR!

Caminhas como vírgula encostada a página,
não como folha ou haste exclamativa.
Bela comparação seria esse soneto
de caminhar no solo, o 130,

aquele que se inclina no teu porte lento
e eu desejava em plena exatidão:
o mais correto ponto de exclamação
em que a tua cabeça fosse aqui no solo

e os pés tocassem raso o que era ali no céu.
Mas falamos de página, não falamos de corpo
porque senão falava dos teus olhos,

e punha mais dois versos, fá-los-ia rimar.
Diria «São perfeitos os teus olhos.
Porque voam —»

## SALOMÉ REVISITADA

Deixa-a lá dentro, cortada, na cozinha,
e traz-me só café. Pousa a bandeja
ali, e depois vai. Não quero o seu olhar:

recorda-me a prisão que ele habitou
(sem ser por mim) e a outra
em que eu morei, e onde fiquei,

lembrando o seu olhar. Bolo de figos
e de mel, conchas de som — mas não é
Salomão que eu sinto em sonhos

nesse corredor, mas Salomé, a outra,
a mesma que aqui está. E o seu olhar:
amputado de mim não pela espada,

mas por gume maior: o tempo
a insistir que eu nunca fui: multiplicada
pela sua íris. Agora, sai: é largo o corredor,

está certo o quarto, e eu decerto fiz bem.
Tão brilhante e tão quente. Como
sabe a vermelho este café —

breve exercício em três vozes

A PANTERA
de Rainer Maria Rilke

>No Jardin des Plantes, Paris

Tornou-se tão cansado o seu olhar,
ao romper grades, que retém só nada.
Como se nesse olhar fossem mil grades
e, além de mil grades, nenhum mundo.

Passeia, branda, em passo intenso e leve,
movido em roda do mais curto círculo:
dança de força circulando um centro
onde, aturdida: uma vontade imensa.

Às vezes, a cortina da pupila
rasga se no silêncio —. Entra então
uma imagem, que, em tensa calma, os membros
atravessa — e cessa em coração.

## AMORDAÇANDO A SERPENTE
(variações)


Não será só o que arde sem se ver,
Mas olho de serpente amordaçado,
Bordado de viés e facetado,
Água aos milhares de limos e correntes.

Nem é essa que dói e não se sente,
Mas ferida a bramir fúrias de razão
(Varia, consoante o coração,
Mas que se sente, é espinho consumado).

E o seu final: roer junto do verso,
Ou ainda pontada em desatino,
Dor de cantão tão cínico e pequeno
Que a luta de existir mais se reverte.

E chegam os punhais, os comprimidos,
Sonha-se a veia a rebentar em cor,
Sonha-se a paz em vinte mil gemidos.

E assim de enganos se amordaça o amor.

## *ET POURTANT*, ANTES TU QUE A TERRA FRIA

*Tu, maligno dragão, cruel harpia*
Bocage

*variação*

Tu, maligno dragão, cruel harpia
Que assim desarranjaste a minha vida...
*Et pourtant*, antes tu que a terra fria,
Teus dentinhos em gume, minha querida.

Maligna és, cruel também, eu sei,
Mas antes tua língua bifurcada
No aceso deleite ao que é sem lei
Do que uma sepultura bem tapada.

Se a escolha é entre tu e harpas (ou santo),
Prefiro o teu maligno e cruel canto,
E à paz celeste as garras afiadas.

Sempre posso dizer que, por meu espanto,
Te visto, harpiamente, como manto,
De espaldas em delícias dragonadas.

trovas de memória

## PALIMPSESTO

Limpa o cesto bem limpo,
mas deixa lá ficar sombra ligeira:
essa primeira sílaba.
Sobre ela
podes encher o cesto com mais sílabas,
e até outras palavras.

Terás assim um cesto
que aos olhos de quem vê
é um cesto só teu,
onde escondeste as coisas
do costume dos cestos: flores, solidões,
rastilhos, bombas.

Foi limpo o cesto
aos olhos de quem vê,
mas tu sabes que não.
Que houve ali um momento de ladrão,
quando nele ficou
a sombra dessa sílaba.

E agora mostras
a toda a gente o cesto,
e não há sombra.
Há só a mão que surge
e pega no teu cesto,
o toma devagar.

E o olha com olhos de quem lê,
e o limpa muito limpo,
ao teu antigo cesto,
deixando lá no fundo,
disfarçada,
uma segunda sílaba.

## MAIS UM SAL DE MEMÓRIAS: FALA O CAVALEIRO

Entre velhos cadernos
e rimas impuras,
lembrei-me de vós,
ó minha senhora

Que espantos causastes,
que conspirações:
tantos gladiadores,
tão poucos leões

Entre tinta e circos,
no meio da arena:
voltar dos infernos
à cena mais pura

Ó minha senhora,
como regressar-vos
aos lugares morenos,
às coisas partidas?

Esculturas de arame
sobre o vosso corpo,
como regressar,
que o inferno é perto?

Morrer é partir,
dizem vossos pares,
e eu digo que não,
que morrer é estardes
como estais aqui
no caderno velho,

pousado em esplanada,
e não varandim,
e eu à vossa frente,

sorrindo, calado,
sem olhos que chorem
a morte de mim

Porque se falar
vos digo «Senhora,
que espantos causais,
tão desprotetora,

tão feita de luz
que eu queria de lua,
e não lança-chamas
sobre mim, senhora»

Tomara haver cantos,
aqui nem um só,
que a lua é de pó
e o pó de nenhum

presente que ao dar-vos
vos deixasse inteira.
Que triste maneira
esta de tratar-vos

E agora, acabar-vos
seria loucura.
Saltai do caderno,
vinde a mim, Senhora!

## OUTRO SAL DE MEMÓRIAS:
## A DAMA RESPONDE

Deve estar perdida
a vossa memória,
como eu me sei estar
de vós mais perdida,
senhor que dizeis
guardar-me o olhar

Deixai-me velida
no vosso caderno,
que aí sou achada
e assim quero estar

Entre as folhas dele
de vós me perder,
deixai-me ficar,
que eu não quero ir

Falar com as folhas,
saber-lhes o toque,
sentir-lhes o sal:
delas tão macias
como outrora foram
vossas mãos, senhor,

que eu não quero já
de mim protetoras:
deixai-me ficar,
deixai-me não ir

Não sei de que inferno
faláveis ali,
não era decerto
o inferno daqui:

eu muito quieta,
entre tinta e dores,
as penas sem pena,
só penas a cores

de vossa caneta
que me atravessou,
eu muito quieta,
e agora saber-vos
tentando tirar-me
desta bela vida

O inferno é isto:
pensar a saída
do caderno velho
onde tão bem estou

E vós a puxardes-me
sem qualquer cuidado.
Deixai-vos, senhor,
ficar sossegado

Esquecei a memória,
que nada é eterno,
ide buscar fósforos,
queimai o caderno

E fazei fogueira
da mais alta chama
onde eu possa arder
como inquisição

Expurgai-me de vós,
voltai à razão,
espalhai minhas cinzas
pelos mares do sul

(Vede, minha perna
a voar, serena,
um tição de sol:
e já nem morena,
mas, ai, tão morena)

No fim, um caderno
intacto comprai
e uma pena nova
e um frasco de sais,

e vivei em paz,
que eu: desprotetora.
Esquecei-me de vós,
tirai umas férias,
arranjai senhora —

## E A MEMÓRIA EM SEXTINAS:
## FALA O CAVALEIRO

Que seja folha só,
senhora que encantastes
a mira dos meus olhos
e sobre eles causastes
um tal efeito óptico
que mais se parecia
com o desses palácios
que o nevoeiro faz
e se leem às vezes
em página fugaz
de busca na internet

Fiquei sem endereço
para chegar a vós,
quando abristes as mãos,
dissestes em inglês
(que é voz que vos não serve):
«*You see, I am no threat,
I won't joggle your mind*»

*How sweet and kind you were,
how unclouded your looks!*

Em folha só deixai
que eu vos reveja agora,
como então vos olhei,
que eu perca por segundos
régua, bússola e mastro,
ao perder-me nas linhas
de uma folhinha só

Talvez um dedo vosso
aí posso encontrar.
Folha não é caderno,
Senhora, tende dó!

Prometo que navego
sem passar os limites
daquilo que impuserdes,
que não espero convites
de cabo e Bojador
onde possa aparecer,
pela página 30,
o vosso corpo inteiro

(mais o que dele sobra:
circunstâncias de vida,
algum claustro velido
emoldurado a azul)

Prometo-vos, senhora,
ficar pelo lençol
de uma folha qualquer
perdida no caderno

Escolhei-a, se quiserdes,
ide ao menos terreno:
momento mais platônico,
ou preito inofensivo
— dava-me jeito um dedo,
Senhora, mas prefiro
sorriso vosso em folha
a caderno nenhum

Mas reparai, Senhora,
agora me ocorreu:
são sobre vós as linhas,
mas o caderno é meu!

E posso, se quiser,
obrigar-vos assim,
a sextina e inglês:

*the day that I have set
my eyes on you, that day,
how beclouded I looked
in the light of your sway.*

*Et je pourrai même dire
en français, si je veux:
venez à moi, Madame,
sautez de mon cahier!*

## EM TROVAS DE MEMÓRIA:
## A DAMA RESPONDE

Qual apóstolo cego
coberto a língua em chamas,
não me façais tal coisa:
usar golpe tão baixo
como a língua francesa
e ainda matizá-la
a fogo e a mel de lume
com a sintaxe inglesa

Eu não quero ceder,
Senhor, eu fico aqui,
nestas folhas suaves
como algodão em rama.
Eu disse que não ia,
que me queria colada
às linhas mal pautadas,
segura como escrava
da cola e do papel

Mas cruzardes francês,
misturando-o àquela
albiônica e bela,
tão própria de soneto,
Maio em comparações,
Senhor, o que é que eu faço?

Vacilo e já não sei,
toda eu sou incerta
em interrogações:
sobressalto-vos, sim?
sobressalto-vos, não?
a mão e o antebraço?

Ao de leve e fulgor,
pequeno grão e o rasto
atravessando o resto
em geografia lenta
do vosso braço forte,
até chegar aos dedos,
até chegar a meio
de um outro continente?

Sobretudo rompendo
aquele veio em frente,
prolongado e imenso,
quase uma cordilheira
de nada e de silêncio?
*Mylord*, o que é que eu faço?
Derivo, e já não sei...

Eu disse que não ia,
eu disse que não queria,
e não quero, Senhor.
Exceto: a tentação
exceto: a sensação
que vós me provocais
ao falar-me em francês
*Qu'est-ce que je fais, Seigneur?*

Porque é só mesmo aqui
nesta folha parada
que o inglês me é palavra
e o francês me é acento,
e eu deixo o sentimento
como onda rolar...
*Shall I compare thee, Sir,*
*to a day full of snow,*
*where to freeze is to burn*
*where I burn for you so?*

...................................

*Oh, no, Sir, not so!*
Já sei o que faço:
baralho-vos rimas,
métricas e tudo.
Volto à redondilha,
à língua que é minha
e à minha folhinha
protegida e doce
como almofadinha
feita de veludo

Pronto, agora, sim,
que bem que aqui estou:
sapatinho raso
a verso feliz.
Já disse: não quero,
ide-vos daqui.
Largai-me o nariz...
Senhor, que fazeis...?
Já disse: não vou!

## INÊS E PEDRO: QUARENTA ANOS DEPOIS

É tarde. Inês é velha.
Os joanetes de Pedro não o deixam caçar
e passa o dia todo em solene toada:
«Mulher que eu tanto amei, o javali é duro!
Já não há javalis decentes na coutada
e tu perdeste aquela forma ardente de temperar
os grelhados!»

Mas isto Inês nem ouve:
não só o aparelho está mal sintonizado,
mas também vasto é o sono
e o tricô de palavras do marido
escorrega-lhe, dolente, dos joelhos
que outrora eram delícias,
mas que agora
uma artrose tornou tão reticentes.

Inês é velha, hélas,
e Pedro tem cãibras no tornozelo esquerdo.
E aquela fantasia peregrina
que o assaltava, em novo
(quando a chama era alta e o calor
endeava no seu peito),
de ver Inês em esquife,
de ver as suas mãos beijadas por patifes
que a haviam tão vilmente apunhalado:
fantasia somente,
fulgor que ele bem sabe ser doença
de imaginação.

O seu desejo agora
era um bom bife
de javali macio
(e ausente desse horror de derreter
neurônios).

Mais sábia e precavida (sem três dentes
da frente),
Inês come, em sossego,
uma papa de aveia.

escrito à régua

## ESCRITO À RÉGUA

*O poema sustenta o universo*
*Como um equilibrista*
*Muito breve*


Ancorar o sentir
em instrumento certo e
objetivo:
um quilômetro agora de palavra,
depois a solidão enumerada,
e em frente:
o quase abismo

Sem guia modelar,
subir a pulso
os mil degraus do verso,
e não voltar
atrás:

Pela última vez,
medir periferia do olhar:
quarenta mil centímetros,
o mesmo que dizer
quarenta metros
de uma escala exata

No fim,
lançar a régua contra o vento,
lançá-la em direção
à nuvem mais distante

E ter aos pés
coisas que tinha antes:
mandrágoras, dragões,
ligeiríssimo grifo arrebatado,

uivante
sílaba —

## JUNTO A LEVÍSSIMO PORMENOR DE ESTILO

Oscilar entre teia de desejo
e um olhar que se afoga em horizonte:
as rochas que ali vejo:
um pormenor de estilo, um excesso
na paisagem que nada sobressalta
na memória

Em que fio resplandece
o mais palpável:
dizer amor ou estendê-lo por frase:
jogo de espelhos liso,
solitário

Que podes dar-me tu
que não possa este mar
de ausente areia?
Que podes dar-me tu
que eu não possa colher
desta paisagem?

Assim te vejo: um pormenor de estilo,
nem sequer sobressalto
a ameaçar

Oscilando entre teia sem desejo:
pontos de brilho
refratados até brilho de mar
tecido a infinito.
E é como se eles fossem
mais meus do que tu és

Porque me foste já, como esse
foi de Rodes.
Mas isso de uma ponte
de eternidade mil que eu tinha dentro

Agora o tempo é este:
oscilar levemente sobre teias
ou afogar olhar entre
horizontes

O resto: pó disperso,
reduzido
a muito simples pormenor
de estilo

## GATO
## EM APONTAMENTO QUASE BARROCO
## E DE MANHÃ DE SÁBADO

Gentilmente curvado sobre a flor,
Percorre devagar nervura e centro.
E em tantos delicados argumentos
Vai avançando lentamente as folhas.

A cabeça pondera e repondera
Defronte a haste fácil, rente a terra,
E uma pedra minúscula e serena
Sobe no ar, acesa como fera.

Não conhece os segredos do soneto,
Sendo de ofício muito ignorado
A sua arte. E em curto minuete:

Uma garra afiada em pé de valsa,
Um dente a desdenhar a flor e a folha
E a cravar-se, feroz, na minha salsa.

## SONHO EM QUASE SONETO

Há dias bons. É quando o sonho deixa,
em rasto meio oblíquo, uma emoção
que às 8 da manhã é tão ali
como a história que o fez durante a noite.

Não interessa se bichos com mil olhos,
se espelho refletido em olho só
quem o criou, ao amor dessa noite
que a seguir rareou em emoção.

Que às 8 da manhã, esse amor é.
Depois, vem o café, abrem-se os olhos,
e a emoção: um rasto de savana.
Mas tão feroz, tão viva e insistente,

tão rente à pele, que em meia noite sendo
não baixou nem maré, nem comoção.
E esse corpo adormece ao nosso lado,
depois de tudo o resto acontecido

— que nunca acontecera, se acordado.

## ESTRATÉGIAS

Há tanto tempo aqui, à espera delas,
em amoroso espanto, e espreito
as horas,
finjo em olhar quase desmaio lento,
a ver se estão por dentro
(mas não estão),
abro os olhos em meia
sedução.

É tarde e eu não posso estar aqui
nesta espera, espreitando
desamor.

Odeio-as nesta ausência de equilíbrio,
quando não se organizam
como devem,
e porque existem só, em estado
puro,
em dicionários, filas de alfabetos,
inumeráveis filas de ditongos.

Tenho-as junto de mão,
e não são minhas.

Armá-las em quadrado e transformá-las
em coisa nuclear,
saber como as lançar
umas por sobre as outras, em cisão.

Que se autopulverizem
e eu seja ausente
da sua existência:
o espanto só de um mundo,
só em verde,
um mundo só de rios e só de gente.

Um céu mudo de espanto,
sem nasais.

Que eu possa ir para casa
finalmente
— o tempo: mancha igual,
a mesma sempre:
eterno ano, o mesmo traço a fogo,
e um rio correndo em direção:

Igual —

## A VITÓRIA DE SAMOTRÁCIA

Se eu deixasse de escrever poemas em
tom condicional, e o tom de conclusão
passasse a solução mais que perfeita,
seria quase igual a Samotrácia.

Cabeça ausente, mas curva bem lançada
do corpo da prosódia em direção ao sul,
mediterrânica, jubilosa, ardente, leopardo
musical e geometria contaminada
por algum navio. A linha de horizonte:

qualquer linha, por onde os astros morressem
e nascessem, outra feita de fio de fino aço,
e outra ainda onde o teu rosto me contemplasse
ao longe, e me sorrisse sem condição que fosse.

Ter várias formas as linhas do amor: não viver
só de mar ou de planície, nem embalada
em fogo. Que diriam então ou que dirias?

O corpo da prosódia transformado em
corpo de verdade, as pregas do poema,
agora pregas de um vestido longo, tapando
levemente joelho e tornozelo. E não de pedra,
nunca já de pedra. Mas de carne e com
asas —

## OUTRAS METAMORFOSES DA MEMÓRIA

POEMA 1

Como farpa
A memória,
Ou como espada

Às vezes como pena,
Devagar

O granulado
Da parede agora
A evocar um toque, palavras
Enroladas
Sob a língua,
Desejos de falar

Farpa
Ou pena
De cisne

No meio do lago
Em círculos
Concêntricos:
Uma espada de sol:

Lâmina
Rebentando a superfície

POEMA 2

No meu braço
Cansado
O seu corpo macio
Adormecido

Um quarto do tamanho
Do meu corpo
— E o quarto
Preenchido


POEMA 3

Uma saudade pode ser completa,
Total,
Ofuscar como sol numa tarde de verão:
País mediterrânico, alcatrão
Fumegando
Nas pedras do passeio

Uma saudade não é
Como a saudade, abstrata, metódica,
Mas pontual e única,
O fio mais afiado que punhal:
Bórgias em mil banquetes,
Inimigos caídos
Entre reposteiros

O ecrã cheio,
Visão obliterada às outras coisas,
Uma saudade fere como raio:
Fumo e algum carvão
Onde antes: vida —


POEMA 4

Coisas que guardamos
Sempre: antes fitas e cartas, bocados de ternura,
Lembro-me: a minha avó e um caracol louro de mim criança

Evanescentes as coisas que guardamos,
Às vezes encontrá-las por gavetas, às vezes na memória,
Invenções tantas só para mais ninguém: o meu diário
Encapado num papel de flores, passeando na pasta
Em sólido trajeto

Coisas guardadas como essa,
Há curto tempo, tão bonita que pensei outra vez:
Só para mais ninguém, que assim a comoção é minha só
E me posso espantar de cada vez que a lembro

Enquanto estão assim,
Elas são nossas, as coisas que guardamos:
Intactas, a apetecer dizer incólumes,
Por comovidas gavetas e memórias

## PSICANÁLISE DA ESCRITA

Mesmo que fale de sol e de montanhas,
mesmo que cante os ínfimos espaços
ou as grandes verdades,
todo o poema
é sobre aquele
que sobre ele escreve

Quando os traços de si
parecem excluir-se das palavras,
mesmo assim é a si que se descreve
ao escrever-se no texto
que é excisão de si

Todo o poema
é um estado de paixão
cortejando o reflexo
daquele que o criou

Todo o poema
é sobre aquele
que sobre ele escreve
e assim se ama de forma desmedida,
à medida do verso onde a si se contempla
e em vertigem
se afoga

## COMUNICAÇÕES

Entra por essa porta e vem sentar-te
aqui, como daquela vez em que te disse:
os vulcões são pirâmides de luz,
ou campos cheios de sol iluminado.

Terás morrido, sim, e tanto faz
se a sério, se a fingir, os outros o dirão.
Quanto a mim, és fenômeno de gelo
resistente a calor e primavera.

Entra então neste dia, que o sol
resiste ao brilho mais do que neste mês
lhe resistiu, e eu preciso de luz,
não se vê bem agora, é muito tarde,
as luzes nesta sala são baixas e cruéis.

Toma, uma cadeira boa (como a chama
que chega sinuosa): as formas são castanhas,
em perfeita esquadria, e as costas mais direitas
que um *iceberg* azul na vertical.

Talvez te diga: pirâmides de luz
estes vulcões. Ou não.
Se eu não estiver, ou não estiveres em casa,
deixo um bilhete à porta, junto ao Hades,
na esperança de que o cão
o não destrua —

## DORES PROVOCADAS

Há horas em que me sabe bem
sentir-me mal:
é então que se dá enorme tempo
de lembrar coisas de sofrer

Um sentimento tão racional e provocado
que, não fora alguma lágrima,
nem sentimento seria

É esse sentir bem por mal sentir,
ficar doente de paixão por uma hora,
e na hora seguinte adiantar trabalho,
como quem adianta jantar,
relógio, morte

Mas é hora maior
feita de susto e nojo:
atrasar-me de amor;

juízo a todo o custo
em desgoverno

outras rotações: cinco andamentos

## GALILEU, A SUA TORRE E OUTRAS ROTAÇÕES

ANDAMENTO I

Olhando agora a mesma torre
onde há trezentos e tal anos ele subiu,
estaria um pouco mais na vertical,
e o sonho em fio
de prumo —

O que dele disseram
foi o ter contemplado
estrelas e mais estrelas,
incomodando togas não de lume,
mas de uma
obliterada fé em fumo

Os séculos haviam de contar
da celeste estrutura,
mais azul que os vestidos
da Virgem em menina,
haviam de mostrar
como esta outra estrutura
cede a outros olhares:

os do flash rompendo movimentos,
tentando aprisionar — um
sentimento? o registro de um dia
ou de uma hora?

O que dele contaram
perdeu-se pelo brilho das estrelas,
e assim o resguardaram
em poemas, museus, guias turísticos,
nomes de ruas e de hotéis sem nome,
o seu nome rodando
quase a repetição

Sobre mortos vagamos,
como a Terra, numa veste diferente
e ainda igual,
e nela nos movemos, como ela,
como ele e outras alturas

Custa mais que um salário
em terras que são quase ao pé de nós,
divididas por súbita península
e um mar tão morno,
custa mais que um salário
subir a esta torre onde ele foi
e se perdeu de amores
por inércias e corpos

Nessas terras tão próximas —
remotas —
ela, contudo, move-se:
tão bela, a sua translação
em torno de uma
estrela

tão bela e mais cruel
que aqui —


ANDAMENTO 2

Mas como nós:
tão comoventemente
relativa e frágil,
imersa em hélio e os outros gases
que lhe deram vida:

jovem mulher de um século passado,
educada, composta, semiobediente:
ebulição e magmas
nas paisagens de dentro
e um leve traço de vermelho
aceso
a espreitar-lhe entre rendas

Alguns milênios antes,
poucos para as estrelas que ele viu,
a dissonância
ao lado da caverna
em proteção e espanto

E muito antes
dessa lenta fusão de gases densos,
nem rotação de luz —
o que seria dela:
inenarrável ponto de interrogação

Tão frágil como nós,
moveu-se, assim,
num momento qualquer desconhecido,
vazio de tempo,
até que a meio dos tempos,
após inumerável paciência:

fissura humana:

os olhos levantados,
e em vez do chão:
o mar e o horizonte,
e mais no alto:
a branca companheira
das noites e dos medos

Ou quando nela
se fez em vez do toque: um som,
e em vez do som, mil sons,
a garganta a servir tempos de música
e não gritos de alarme

Moveu-se, então,
e frágil, relativa,
as procissões de reis, as multidões de gentes,
monumentos à glória
e ao desejo
a demorarem séculos

— um piscar de olhos
para estrela
nova


ANDAMENTO 3

O muro cor de fogo
ao lado desta torre:
carregado com átomos de mortos,
o pó de outras
estrelas

Onde o lugar
para falar da súbita península
onde se nasce junto a paredes meias
com a morte?

Inútil tudo?
O flash, o sentimento,
manchas solares?
Um argumento nômada
será?

Ali, junto
da terra, o terramoto,
*eppur si muove*

este, o meu tempo,
em súbito vagar


ANDAMENTO 4

Calcula-se que dentro de
cinco biliões de anos,
murchará: como maçã
num sótão às escuras,
a luz rompendo pelas vigas largas:
um brilho muito fresco

Quantos vitrais soprados pelo tempo,
sagrados pelas chuvas
para agarrar o tempo?
Quantos vitrais
hão de faltar ainda?

Há quase quatro séculos
ele subiu aqui

À janela do tempo,
as civilizações brotam e morrem,
desabam devagar,
e outras vertigens
hão de romper ainda,
expandidas em luz

O que sobrar de nós:
só pó de estrelas

Num acaso feliz:
talvez grão de poeira desta torre,
talvez um átomo
da sua gola branca (a do retrato),
a simular curva sinusoidal,
o seu olhar
girando em torno
de um planeta novo

Bordado a fio de estrelas,
desabará o som
em outras rotações

Então, talvez o jovem átomo
a testar o tempo
seja também semiobediente,
moldura em gás e luz
do andamento próximo:
o quinto
movimento —

outras vozes

## A GÊNESE

A cobiça dos poderosos sempre se estendeu,
como polvo cego, pelo tempo e através de solos vários.
Dela nunca fez parte a luz.
Não será menor do que a cobiça
a sede dos mais pequenos por moedas,
maneiras de cobrir o frio que a fome traz.
Juntas — tem-se o escuro
da alma.

Por isso, e juntos, embarcaram.
Os que, já muito possuindo,
mais posses desejavam,
e os que, nada guardando, nem sequer a honra
(pois esta: uma palavra oca no seu mundo),
sonhavam de noite com um pedaço de terra a que chamar seu,
riquezas prometidas.

O que se disse sonho
foi também cobiça e desejo,
transportados em milhares de tentáculos brancos.
Com eles se cultivaram ideias
e horizontes a perder de olhar.

Gratos ficaram os olhos das araras,
que nunca haviam visto corpos de gente
envoltos em tal brilho.
Gratos foram ainda os animais dos leitos salgados,
que usaram muitas vezes esses corpos
para os seus pastos.
Gratos ficaram os bichos de olhos perfurantes na noite,
os de pelo raso e garras afiadas,
pelo presente inesperado, feito de carne e ossos,
que por vezes receberam.

Foi, porém, na gênese das coisas
que isto aconteceu.
A mesma gênese que viu os toques a fazerem-se,
a gentileza súbita, o deslumbramento.

Mais tarde, a gratidão deixou de ser praticada,
tal como Deus – crença, nome, palavra dita e escrita,
mas sem semente em solo novo.
Em vez dela, os ombros curvados, as doenças,
os olhos das araras perfurados,
como os do velho rei ou do conde velho de outras histórias.

Só o apetite dos animais dos leitos salgados e das florestas
não esmoreceu, nem deixou,
durante muito tempo,
de ser de vez em quando satisfeito.

Elas choravam, dos dois lados do mar,
pelos que partiam e pelos que não estavam a seu lado,
ou ainda pelos que com elas estavam,
por serem demasiado meninos.
Porque esses, indo crescer,
haveriam também de partir.

Agradeciam quando eram os filhos das outras a morrer,
não os delas, mesmo que os filhos das outras
tivessem sido assassinados pelos seus próprios filhos.
Falando entre si
de como a história lhes era ramo despegado,
protegiam-nos com fúria nos seus corações.

Podiam, por isso,
as senhoras dos poderosos e as mulheres dos mais pequenos
entender, separadas mas juntas,
que tudo era como um jogo de crianças,
como um pião rodado entre os dedos,
e que, calhando onde calhasse,
resultava na morte ou na vida.

Como um arco lançado pela calçada,
rumo ao porto, precipitando-se nas águas.

Nesses sítios onde habitavam sereias e monstros marinhos,
aí imaginavam-nos elas.
E nada podiam por eles fazer,
que o passado lhes era interdito
— quanto mais o presente, ou o futuro.

O único consolo era julgarem
que a casa dos monstros marinhos,
seres sem cabeça capazes de devorar cabras inteiras,
fechava as suas janelas aos lobisomens.
Pelo menos, dos lobisomens
elas pensavam-nos a salvo.

Porque não lhes conheciam
a alma —

## OUTRAS VOZES

Fechar os olhos e por dentro ecoar em passado.
Pensar «podia ter outra cor de pele, outra pelagem»
E o tempo virar-se do avesso, e entrar-se ali,
em vórtice, pelo tempo dentro.
Escolher.

Trazer cota de malha e de salitre,
ter chorado quando o porto ao longe se afastara,
milhares de milhas antes,
meses em sobressalto para trás.

As febres e tremuras durante a travessia,
a água amarga, as noites
carregadas de estrelas,
junto ao balanço do navio, um astrolábio.

Numa manhã de sol, do porto de vigia,
ver muito ao fundo, em doce oval,
a linha, quase tão longínqua como constelação.
Gritar 'terra', gritar aos companheiros
ao fundo do navio, do fundo dos pulmões gritar,
e o bote depois, os remos largos,
a cama de areia e o arvoredo.

Ou trazer na cabeça penas coloridas,
conhecer só a fundo a areia branca
e o mar sem fundo, peixes pescados ao sabor dos dias,
uma língua a servir de subir a palmeiras,
a servir de caçar e contar histórias.

Moldar um arpão, começar por um osso
ou pedra e madeira,
entrelaçar o corpo da madeira, e o afiado da extremidade.
Contemplar devagar o resultado do trabalho
e da espera.
Ou a beleza. Escolher.

Trazer o fogo na mão, escondido pela pólvora,
fazer o fogo na orla da floresta.
Os risos das crianças, tocar a areia branca, tocar
a outra pele. Cruel,
o medo, vacilar entre a fome e o medo.
Ou não escolher.

As penas coloridas sobre um elmo,
a cota de malha lançada pelo ar como uma seta,
os sons dos pássaros sobre a cabeça,
imitar os seus sons,
num lago de água doce limpar corpo e
pecados de imaginação,
sentir a noite dentro da noite,
a pele junto da pele,
imaginar um sítio sem idade.

Trocar o fogo escondido pelo fogo alerta,
o arpão pelo braço que se estende,
gritar 'eis-me, vida',
sem ouro ou pratas.
Com a prata moldar um anel
e uma bola de fogo a fingir,
e do fogo desperto fazer uma ponte a estender-se
à palmeira mais alta.

Esquecer-se do estandarte no navio,
depois partir da areia branca, nadar até ao navio,
as penas coloridas junto a si,
trazer de novo o estandarte e desmembrá-lo.
Fazer uma vela, enfeitá-la de penas,
derretidos que foram, entretanto,
sob a fogueira alta e várias noites,
elmo e cota de malha.

Serão eles a dar firmeza ao suporte da vela,
um barco novo habitado de peixes
brilhantes como estrelas.

Não eleger nem mar, nem horizonte.
E embarcar sem mapa até ao fim
do escuro.

## O SONHO

Vinha de trás, daquela noite
em que escrevera os seus versos mais belos,
depois de ter reunido os conselheiros próximos
e decidido continuar as sementes
que seu pai havia já plantado.
As dunas tinham sido a glosa a romper,
mas, após esses versos,
adormecera sobre a mesa
e sonhara um sonho de mar e marés bonançosas,
cheia de areia branca e arvoredos.

No seu sonho, não havia outra gente:
só a sua.

Munido desse sonho
e da música que ouvira a trovadores,
sempre bem-vindos no seu castelo,
desistira de uma guerra, trocando-a por vilas.
A paz fora firmada,
como as canções que ouvia e que falavam também de paz.

De muito lhe serviu sua mulher,
de flores lendárias no regaço e serventia boa,
como eram então de boa ou má serventia as mulheres
que em silêncio acompanhavam os homens,
fossem eles pequenos ou poderosos.

No sonho, sonhara elmos e cotas de malha,
roupagens de guerra ainda desconhecidas no seu tempo,
mas que de serventia de guerra nada tinham:
só belas e brilhantes.

Vira-os, aos da sua gente,
alguns com barba longa e olhos claros,
chegar em botes a um mar de areia branca.

Os botes tinham sido descidos de navios esguios,
as velas como lenços de cabeça de mulher,
mas imensos e brancos,
desenhados a cruzes.
E os navios do seu sonho
dariam nome a animais delicados
parecidos com nenúfares,
que vogavam à superfície das águas.

Ele vira os olhos da sua gente cheios da cor,
e do céu, e da água transparente dessas praias.
Mas nunca vira no seu sonho
outra gente que não fosse a sua.

Disse quem veio muito depois dele
em seta pelo tempo
que os ramos dos pinheiros e o cheiro a resina
entraram na feitura desses navios,
mas que era feito de carvalho o tabuado do seu casco.

Porém, ele acreditava, porque o sonhara,
que as formas esbeltas e doces
vogando à superfície das águas
levavam no futuro a sua gente
e vinham das sementes pensadas nessa noite.

E, como os quase nenúfares azuis, elas seguiam.
Para a frente e na esteira
dos seus mais belos versos.

## O PROMONTÓRIO

Estou agora de pé,
em frente ao promontório, dizem,
porque se habituaram a ver-me lá.

Não tenho bem a certeza de que isso é verdade,
porque o tempo aqui chegou em elipse de luz
e eu não sei para onde me levou,
por onde andei, por que paragens.

As areias brancas
chegaram-me pelas vozes dos outros,
meus escudeiros, meus amigos,
marinheiros que encontrei
e me trouxeram novas de lugares
com flores coloridas do tamanho de mãos
e árvores imensas.

Há quem diga que dormi
com alguns desses amigos,
encostado aos seus corpos, no frio da noite.
Mas não tenho a certeza de nada,
aqui onde me encontro.
Olho ao longe os navios,
mas não me dizem nada.

Houve quem sobre mim falasse
como de um homem encostado
a uma insuportável solidão,
sagrado no desvendar de espumas,
mas esse parece-me distante
do que de mim recordo.

Os meus irmãos levaram-me a lutar,
e eu lutei, singrado pelo fervor dos tempos que vivi.
Mas já não sei se era a luta
ou o fervor o que mais contava.

Fui pasto longo para história de livros,
mas a minha história só eu a devia saber.
E havia de contá-la aqui,
se me livrasse desta elipse de luz
e conseguisse alcançar-me outra vez no meu tempo, comigo.
A sós comigo.

Alimentei muitos sonhos,
maiores do que aqueles que sonhei
nas noites que a minha memória vislumbra.
Séculos que passaram sobre mim
disseram-me depois junto do mundo.
Mas o mundo era pequeno no meu tempo,
assim o imagino.

Como podem, pois,
os que depois de mim vieram
julgar-me assim, e ao meu mundo?
Com toda a certeza,
sei somente de mim aquilo que me sonharam.
E que este promontório só existe comigo
porque ali me puseram, de frente para ele.

E eu queria tanto estar-lhe de costas,
poder dormir e mergulhar no escuro.

## A CERIMÔNIA

Sagrei-os, aos meus filhos.
Fiz o que era esperado de mim,
mas a minha lembrança era do avesso,
para o futuro,
e estava toda nas rosas
que o tempo haveria de trazer,
em forma das guerras do meu país.
Dessas guerras me lembro,
mas nunca cheguei a ver a guerra
que a ambição e os sonhos lhes doaram.

Sagrei-os na minha mente,
antecipando o gesto de outra
que teria o meu nome.

Nesse dia, de manhã cedo,
era ainda escuro, e no quarto,
mesmo descerradas as cortinas,
quase não entrava a luz.
As aias ajudaram-me a vestir, e eu,
como sempre acontecia depois de acordar
e enquanto não chegavam as horas do dever,
lembrei-me do meu pai, do meu país,
dos seus campos muito verdes atravessados
por rebanhos, da chuva do meu país,
tão contínua como as minhas saudades.

Quando acabei as recordações
e o choro de silêncio,
chamei-os na minha mente.

A todos ofereci prendas.
Ao primeiro dei um cetro
enfeitado de papel e de palavras,
ao segundo, uma espada
de aço brilhante,

ao terceiro, o gosto pelo mundo,
e ao último, contei-lhe o caminho
de água verde e espuma alta
por onde eu tinha chegado;
mostrei-lhe o mar,
ao longo das muitas tardes
em que eu própria sonhava
com as margens que havia deixado
para trás.

Se pudesse sentar-me novamente
junto àquela janela,
a espada brilhante que dei a esse meu segundo filho
tê-la-ia transformado em arado,
ou em pequena lamparina,
porque, ao dar-lhe a espada,
dei-lhe também o resto de matar e de morrer.

Antes lhe tivesse dito vezes sem conta
como é belo o mundo
e poder falar dentro dele.
Ou antes lhe tivesse mostrado só o mar,
como fiz com esse filho
junto de quem me cansava
das saudades da minha terra.

Uma prenda, porém,
me é boa na memória:
a do papel e das palavras.
Dispensaria o cetro,
mas era ele que segurava palavras e papel.
Dessa prenda não me arrependo,
e quase me regozijo um pouco
por aquilo que fiz nessa manhã fria e escura
em que os chamei aos quatro
para junto da minha mente
e do meu coração.

Mas o que fizeram de mim,
naquele dia há tantos anos, quando, quase menina,
me ajudaram a subir para o bote
e depois para o navio
que me haveria de levar a uma terra
que eu não conhecia,
a uma língua que não era a minha língua?

Onde ficaram as minhas tardes
molhadas de chuva?
E a memória que de mim ficou,
porque não fala ela dos meus campos verdes
e das sombras dos rebanhos que os atravessavam?
Porque me nega essa memória
as rosas que, em futuro,
e ditas como guerra,
haveriam de dizimar tanta da minha gente?

Por que outra noite trocaram
o meu escuro?

## O RETRATO

Ora esguardae,
escreveu o outro,
quando dele falou nas suas crônicas.

Eu digo que se esguardardes demais
pondes o vosso coração em perigo,
porque ficareis a saber
o que talvez não vos seja de interesse,
as verdades que tínheis como certas.

Esguardar é considerar,
e eu não sei se deveis considerar verdadeiramente a sua história
ou se não é preferível que vos fiqueis junto aos mitos,
às histórias que se contaram e o fizeram grande,
a ele, que tal não se considerava
depois da morte daquela que amava.

Basta olhar para aquele seu retrato
e para a angústia nos seus olhos.

Ora esguardae essa angústia
sem esguardardes a história como vos foi contada.
Talvez então o muimento de alva pedra
comece a fazer outro sentido,
e, com ele, os bichos que o povoam:

as caras dos algozes?, as faces
dos tempos que corriam?, cheios de doenças,
de febres, tempos assustados.

Esguardae esse retrato:
a sua barba, a mão que ali foi posta a segurar a espada,
a capa, tão vermelha, sobre os ombros.

Dele falaram e da sua amada.
Esguardae o seu olhar, cuidadosamente,
e vereis que é um olhar enrouquecido pela loucura.
Pensará nela?

Não são as dobras em relevo
da tinta de óleo do retrato
que poderão dar-vos a resposta.
Só a memória dessas dobras e da tinta espessa
saberia dizer-vos se era nela que ele pensava,
mas a essa memória não tendes vós acesso.
Nem às memórias
de quem pintou o retrato,
ido há tanto tempo como o seu modelo.

Não sei se eu não terei tido
uma pequena entrada nessas memórias,
eu, seu escudeiro, que o servi
e ouvi tantas vezes os gritos entre ele e seu pai.
Eu, que vi, replicados em espelho,
amores seus iguais ao primeiro amor,
e de como desejou erguer noutros lugares
túmulos tão belos como aquele que erguera
em honra da morte, branco e belo.

É o primeiro amor o mais gentil,
o melhor sempre?

Como dizer do ponto central da paixão,
quando mente e corpo,
recuados antes e protegidos pelo terror da perda,
se deixam enfim conquistar?
Teria o pintor pensado nisto
no instante em que prendeu aquele olhar?

Entrei várias vezes na sala,
levando vinho e bolos,
mas o pintor estava sempre de costas para mim.
E eu pousava a bandeja na mesa
e afastava-me, sem uma palavra.

Nunca me chamou para junto de si, o meu senhor,
nos dias em que posou para o retrato.
Nem nunca teve comigo confidências
sobre aquela que perdera,
por obra de seu pai.

Mas eu, porque o servia todas as manhãs
e o acompanhei durante tanto tempo, e à sua dor,
eu conhecia-lhe os tons,
as paletas de cor por detrás da íris dos olhos,
as formas mutantes
conforme as jardas de sofrimento.

E juro que o pintor
soube resguardar o seu olhar.

Como se fôsseis presente,
podeis agora esguardá-lo.

E meditar sobre ele.

*vozes*

*Eterno é este instante, o dia claro,*
*as cores das casas desenhadas em aguada rasa,*
*castanhos e vermelhos quase em declive,*
*as janelas limpíssimas, de vidros muito honestos.*
*Este instante que foi e já não é, mal pousei a caneta*
*no papel: eterno*

*Sonhei contigo, acordei a pensar*
*que ainda eras, como é esta janela,*
*como o corpo obedece a este vento quente, e é ágil,*
*mas tudo: tão confuso como são os sonhos*

*Agora, neste instante, recordo a sensação*
*de estares, o toque.*
*Não distingo os contornos do meu sonho, não sei*
*se era uma casa, ou um pedaço de ar.*
*A memória limpíssima é de ti*
*e cobriu tudo, e trouxe azul e sol a esta praça*
*onde me sento, organizada a esquadro,*
*como as casas*

*E agora, o teu andar*
*acabou de passar mesmo ao meu lado, igual,*
*e agora multiplica-se nas mesas e cadeiras*
*que cobrem rua e praça,*
*e eu vejo-te no vidro à minha frente,*
*mais real que este instante, e se Bruegel te visse,*
*pintava-te, exatíssima e aqui.*
*E serias: mais perto de um eterno*

*(Eu, que nada mais sei, só o fulgor do breve,*
*eu dava-te palavras –*

## PALAVRA SOBRE *VOZES*

*Vinicius Dantas*

A poesia de Ana Luísa Amaral não é simples. Parece bastante simples. Não é nada simples. Ela fala de mundos palpáveis e eles surgem de poema a poema: vamos identificando lugares, paisagens, situações, subentendidos e desentendidos da voz que fala. O andamento geralmente é calmo, ainda que inconclusivo e, não raro, termine de súbito. É uma poesia que deseja aflorar de uma circunstância tempo-espacial definida, deseja ter relações se possível afetivas com o lugar e o instante de que fala. O espaço pode ser a mesa de trabalho, a varanda, o quarto no momento da vigília ou ao despertar, a cozinha, a esplanada de um café em algum país europeu. Ela gosta muito dos cafés, pelo entra e sai de temas e motivos e pelo fato de diante de si ter a imprevisão de algo — um evento desconhecido, passageiro, que desata a imaginação. Ela fala de coisas palpáveis, mas já de modo não tão palpável e é dada a silêncios, pausas e desgarres.

Naturalmente, por ser lírica, a poesia de Ana Luísa fala bastante de amor e de afetos. O sentimento é referido claro na sua contingência cotidiana, na imediatez de um espaço concreto e real, no materialismo das suas sensações. Todavia, sua frase poética se desdobra em estruturas múltiplas e menos palpáveis, por vezes tortuosas e reversíveis, de ironia e desconfiança — em que há contida paródia —, e se vai fragmentando numa argumentação expansiva. Se há sentimento, ele se enraíza na sintaxe.

Podemos dizer que a sua é uma poesia sentimental numa acepção forte e contemporânea. O afeto é a grande linguagem da poeta — ela não só se põe à prova afetivamente pelo poema, como o afeto é o que põe o mundo à prova, recriando a sociabilidade e reinventando o que possa ainda haver de humano na vida que existe. Manifesta-se aí um certo experimentalismo, atestado na liberdade assumida por Ana Luísa de expor-se, entregar-se e recolher-se, captar o lirismo em conjunções pouco ou nada líricas. Tudo a que ela reage como poeta historia sua maneira de ser e sentir, desmancha e reconstrói e desmancha modos anteriores de ser e sentir — o viés analítico a obriga a voltar às mesmas situações ou às mesmas fantasias, para recriá-las e requalificá-las em novas divagações e/ou paródias das anteriores. Essa poesia tem qualquer coisa de um diário que, dia a dia, hora a hora, *Stimmung* a *Stimmung*, anota as circunstâncias e as oscilações do afeto. E seu vazio. Que não é interior.

Os poemas são eróticos, quase sempre são eróticos, mas o erotismo está na voz que usa a linguagem para se ouvir e vir a ser. O corpo da prosódia transforma-se em corpo de verdade — diz-se em "A vitória de Samotrácia". Voz de um corpo. Feito de folha, papel, livro.

O mais físico é a voz.

A sintaxe e a imaginação da poesia de Ana Luísa, e não só *Vozes*, têm uma música que cedo se imprime em nós. A que é vibrada pela sobreposição de incertezas, hesitações e indefinições — sobreposições que confiam mais na fragmentação desigual do conjunto do que na perfeição da forma verbal coagulada. Privilegia-se o desmembramento paratático do ritmo, joga-se com a circunstância e o banal (em grau até esquisito) e adota-se uma inconclusividade que faz parecer que a poeta cutuca, digamos, a desconexão. O vigoroso andamento sintático materializa as oscilações do afeto e este se redistribui em situações que desafiam a velha identidade ou a unicidade do modo de ver. É uma escrita em que a energia intelectual da sintaxe prevalece sobre a felicidade do dizer, que se mantém tateante, indeciso e ansioso, mas também astucioso pela caixa de surpresas das associações. Cabe à sintaxe figurar os fluxos e refluxos do afeto, cujas paixões são maiores que a experiência empírica de algum sujeito ou sujeita lírica.

Li um dia desses uma passagem em que Paul Valéry descreve o manuscrito como o decalque mais próximo do pensamento, a impressão física dos impulsos do escritor em suas hesitações, variações, repetições, descoberta de ritmos pessoais e da verdadeira energia. O manuscrito seria o depoimento da mão e do olhar crítico do escritor ao transcrever "o duelo do espírito com a linguagem, da sintaxe com esta e aquele, do delírio com a razão, a alternação da espera e da pressa" para a fixação do instável. Talvez eu possa dizer que os poemas de Ana Luísa, por transcreverem esses processos, valem por manuscritos: registros em público de hesitações e oscilações privadas (algumas mínimas e quase secretas), partitura de cortes e supressões, terreno de sobreposições mil, embaraçamento de sentimentos e sensações, às vezes autoanulantes, às vezes deixando aflorar algo não formulado, ou menos formulável. Tudo mais ou menos palpável.

Folheados, os livros de Ana Luísa parecem bem arrumados e muito compostos. Títulos enigmáticos e peremptórios abrindo sequências bem definidas, os quais foram tirados de algum poema do bloco para iluminar uma afinidade maior. Os títulos e as divisões são indicadores para a leitura, mas guiados por eles o leitor quase sempre se perde. Vozes, por exemplo, são uma figuração coral ou uma fixação fantasmática que aqui surge no título do volume, duas vezes nos subtítulos e no poema de fechamento, mas ainda há "Outras vozes" e "silêncios" da dedicatória à memória de um amigo. A reincidência não esclarece, ao contrário, obriga-nos a projetar a designação para outras seções como "Trovas de memória" e "Outras rotações". "Escritos à régua", na sua exatidão caligráfica, fica como se fosse uma província à parte, mas não é — com instrumentos e precisão, reúne poemas que tratam de sonho, perdas, desejos amorosos, autofingimentos etc. etc., como as demais subdivisões. Se os escritos à régua no fundo se parecem com os de "A impossível sarça", que deveriam ser marcados pela presença do mistério, e são tão à régua como os outros, o leitor desiste de classificá-los. Aparentemente, muitas são as vozes: frases ditas no passado e retomadas em circunstâncias nas quais são mudadas; glosas, traduções e pastiches; o sujeito empírico da autora dando uma de sujeito poético; um quase diálogo ou nem isso; o solilóquio propiciatório das mãos antes da escrita; a voz de uma velha princesa de poesia *fin de siècle* simbolista tomando um café medonho; ou a dialogação dura e atualíssima entre um cavaleiro e uma dama, saídos de algum cancioneiro, ou então o vozerio da história medieval de Portugal, revisitado nos poemas mais estranhos e pejados de ficção e intenções de todo o livro. Em suma, Ana Luísa enreda seus livros como seus poemas, e a organização obsessiva e repetitiva dos livros ensina sobre a composição dos poemas. Nesse jogo enovelado entre parte e todo, temos outro aspecto da estruturação: os poemas frequentemente são palinódias ou variações de textos anteriores, tal a intensidade torrencial de um discurso poético que mal se interrompe e cultiva como corretivo a chance de reescrita. O mapa das palinódias é impossível de ser traçado: os mesmos caminhos estão sempre se bifurcando e, parece-me, tornando-se densos, complexos e graves. A trajetória que vem do frescor de *Minha senhora de quê* (1990), seu primeiro livro, a *Vozes* (2011) passa por essa lógica da variação um tom acima de complexidade. Só para assinalar o mar de retomadas e glosas em *Vozes*: *"silêncios"*, o poema-dedicatória refaz "Aliterando silêncios: composições", de *Imagias* (2002), em que o jogo anterior se transforma pela gravidade da morte de Paulo Eduardo, o interlocutor nos dois; "Biografia (curtíssima)" é um comentário desenvolto e mais evoluído de "Terra de ninguém", o primeiro poema de *Minha senhora de quê* e de "Terra de ninguém revisitada" de *Coisas de partir* (1993), embora a dialética beijos/cebolas possa ser rastreada noutros textos; "Do ar: apontamentos" possui correspondentes vários, pois Ana Luísa escreve nas viagens, faz testamentos antes de entrar nos aviões e sobretudo não se rende à tecnologia, cuja violência lhe inspira o autoexame e muitas especulações sobre andar no chão ou ter asas; "Da solidão da luz" retoma "Era uma casa branca (variações)" de *Minha senhora de quê* que, por sua vez, havia sido retomado em "Exercício (em amarelo) de texto e reescrita" de *Às vezes, o paraíso* (1998); Salomé já aparecia como uma das vozes do revisionismo bíblico de "A leste do paraíso" em *Às vezes o paraíso* sem contar que cabeças cortadas aparecem e conversam noutros poemas (ou já estou exorbitando?). Completar o quadro dos reenvios intratextuais é impossível, mas também de pouca ajuda, uma vez que a dinâmica da sua obra é esta: trabalhar a partir desse acerto de contas diferido e permanente, criando entrelaces e multiplicando relações e referências. Salvo engano, a estrutura palinódica nasce da insatisfação e da irrealização — temas maiores dessa poesia.

Em *Coisas de partir* existe um poema "O grande truque", em que alguma coisa que o sujeito poético faz é comparada à magia. Aí, a voz que se apresenta como de uma sacerdotisa menor, de um mágico sem habilidades, de uma mestra do improviso, de uma fada sem apetrechos, dá-se em espetáculo. Todavia, em vez da graça da prestidigitação, temos um relato de desajeito e privação. O grande truque é a disciplina interior, e vazia, para fazer flutuar com tal pobreza de meios um certo nada. A palavra "nada" se repete nove vezes em 21 versos deceptivos. Com desencanto, o ínfimo mágico descreve sua rotina com mãos e bolsos vazios, mas o "nada" que tira deles parece ser, ainda assim, a maior de suas mágicas. Em *Vozes* volta um novo poema de mágica: "Palimpsesto". O mágico amadurecido pelo "nada" agora também é escritor. A magia é claramente referida à escrita e, aos olhos de quem lê e se engana, refaz o texto numa espécie de rotina perpétua. O título "Palimpsesto" é trocadilhesco e a origem do poema: "Pá, limpa o cesto!". É uma ordem de trabalho e uma espécie de convocação do Sísifo que vai rolar a primeira sílaba para dentro do cesto — uma ordem dada a si e/ou a outrem, que pode ser o leitor. Significa jogar as palavras no cesto para dele tirar afinal um palimpsesto (meio poema, meio manuscrito). A tarefa é dita um espetáculo, mas pode ser tão minúscula que poderia escapar aos olhos de todos, se o poeta não o tivesse escrito. Os apetrechos da mágica são aqui "sílaba", "cesto", os passes, a sombra que emite uma sílaba, além da admiração crédula da plateia. A mágica está em mostrar em público que o cesto no qual foi metida toda a história de uma vida, como se fosse um poema, não contém sequer a sílaba inicial que, em germinação, puxaria outras palavras. O poeta, disfarçado de mágico, também passa por um ladrão de sílabas, alguém que dá ordens e não limpa como deveria. Entretanto, há um elemento novo que completa a graça da mágica e que inexistia em "O grande truque". Outra mão que, por alvitre próprio, refaz o processo e no cesto enfia uma segunda sílaba. A mágica agora é partilhada com o outro — um leitor? Os dois parecem que estão a meter no cesto sempre uma partícula de sombra e simulação a mais. O cesto é o hospedeiro dessa espécie de bactéria — a sílaba que aí sobrevive, e com sua sombra sutil faz germinar o poema como um anticorpo. Não é um texto imaterialmente virtual, mas um texto em que a sombra, em ambiente mal limpo, faz a palavra brotar e deixa se diferenciar o poema. Passados os anos, Ana Luísa Amaral não é tão enfática em alardear o nada contido no seu número de magia. Assim, aceita que o jogo de mãos e simulação é escorregadio e mimetiza o trabalho, o espetáculo, o inconsciente, a dúvida e o recomeço. Entre um poema e outro surgiu a positividade da sombra dessa primeira sílaba — recalcada, roubada, encafuada, mas cujas propriedades de antídoto decidem a composição das palavras vindouras.

É evidente o gosto pela repetição. Repetição de palavras, expressões, assuntos, figuras, perspectivas. O leitor tropeça ao longo da obra de Ana Luísa com o mesmo poema em muitas conjunções, todas sob o influxo de alguma resiliência afetiva. Em *Vozes*, como na obra anterior, a meditação instaura um comparatismo — em repouso e/ou em tumulto — de tempos e sensações. Mas a poeta se obriga a voltar ao poema para reconsiderar a experiência anterior: repeti-la com variações e mudanças de sentir. A repetição desdenha a angústia existencial do tempo e sua estrutura mostra que na vida atual não existe algo único e singular, tudo se desdobra e se reproduz ostentando um vazio de irrealização. Repetem-se palavras, frases, imagens, estruturas maiores e menores. Na poesia tradicional, as estruturas de repetição contribuíam para o efeito de fechamento do poema, isto é, asseguravam pelos paralelismos de som e sentido a inteireza do conjunto. A repetição unificava e era recurso para produzir efeito emocional sobre o leitor. Aqui, mais semântica que sonora, a repetição tem a marca da assimetria de movimentos e de abertura para uma construção expandida e informe, a qual, no entanto, não desestrutura a concisão interna do seu verso. A repetição não espiritualiza o sentido nem oferece fluidez máxima da linguagem — o prosaico invadiu o verso de

Ana Luísa a tal ponto que trava, por assim dizer, a noção antiga de lirismo. Seu lirismo não é mais aquele da tradição, pois é autoconsciente, irônico e objetivo. Como igualmente facilita uma familiarização gradativa com o que o poema pretende enunciar, anuncia e nunca é aquilo que estamos a ler, pois a repetição como índice de insatisfação perdeu a força presentificadora. Aliás, Ana Luísa repete para fazer efeito sobre si, sobre a voz que fala, mais do que para agir sobre o leitor. Na sua poesia, a repetição tampouco é uma estrutura de desespero e não se sente opressivamente a presença da língua, do eu e a lógica da sociedade, como em Beckett. Esboça a repetição uma certa ausência e dá substancialidade a essa ausência. Se eu tivesse de escolher na obra de Ana Luísa um poema para exemplificar esse processo, escolheria "O dia de descanso" de *Imagias*.

Categorias, nossas velhas conhecidas, não cabem aqui. A noção de poesia da experiência — para uma autora tão obcecada em definir qual é a sua experiência (o quanto dura? o vivido permanece no lembrado em mutação? o que modifica a memória? o imaginado poeticamente já é parte do real?) — é pobre. Afinal, se há experiência, ela nunca, nos seus poemas, prescinde de efabulação, muita efabulação, a qual pode se soltar em algum desvario a mais. A abstração dos processos mentais e a figuração poética nunca se satisfazem com o plano estrito da experiência, e tendem a se projetar em uma divagação intelectual que precisa necessariamente estar fora dela própria — além da própria experiência. Absolutamente isso não significa que a poeta não olhe para as coisas e menospreze o cotidiano e a cultura material de sua época, ao contrário, a intromissão deles no seu alto lirismo pode às vezes parecer jocosa e vulgar. Tampouco é poesia da experiência, porque a reflexão sobre o poema e a produção da imaginação poética se imiscuem quando menos se espera. A imaginação de Ana Luísa, afeita a investigar a si mesma, a revirar-se nos seus avessos, a integrar os episódios novos da vida a uma insatisfação mais antiga, pede logicamente mais do que a experiência, pois não pretende caber no mesmo e anterior enquadramento de uma identidade imutável. Parte da força de seus poemas, estou convencido, depende dessa operação da imaginação efabuladora, que não se satisfaz nem com palavras nem com fatos, os quais pedem sintaticamente alguma espécie de autoconsciência, de autocontrole ou verificação, mesmo nos registros mais dramáticos ou ternos. Falar igualmente em poesia confessional também não dá muito certo. É outra noção simplória para quem, como Ana Luísa, não acredita na transparência da linguagem e da emoção, na prótese dos sentimentos ou na inteireza da transmissão do vivido. Como se confessar se a experiência ainda não acabou de ser vivida, o corpo sequer sabe se ela se concluiu e está pronta e as palavras que, como diz em "A impossível sarça", "não chegam/ — mas cegam".

A busca da plenitude é, na poesia de Ana Luísa Amaral, fonte de problemas, aliás, a plenitude, ou o não alcançá-la, é o que desencadeia a partir do corpo, e da sua memória, o furor indagativo da escrita. O sentimento nunca fica no âmbito das motivações íntimas ou psicológicas, é um processo intelectual de autocompreensão, geralmente encrencada e/ou insatisfatória, que a obriga sempre a ele retornar, pois é algo que não se conhece no todo e cujo todo ficará sem se conhecer. A matéria das paixões, afecções, emoções diretamente vividas ou fantasmáticas, fantasias derivativas em série, autoconsciência retardada e cheia de prazer e/ou melancolia, estão sob o crivo de uma razão poética, isto é, são problemas objetivos para ela e sua régua. Ao deixar aparente o seu processo de composição e encená-la em aberto, Ana Luísa expõe a sintaxe às mutações do afeto. Demonstra a relevância dos processos sintáticos aqui: 1) o gosto pela elipse, que subordina os elementos ausentes do discurso, dando existência tanto aos subtraídos quanto àqueles obviamente presentes; 2) a expressão fluente do verso, apoiada porém no corte de fim de verso e nas guinadas de rumo; 3) o aproveitamento discursivo de metáforas e imagens dentro de uma narrativa ou de uma argumentação; 4) a presença de um sujeito que se figura outro, se multiplica e confunde vivido e imaginado, vida e poesia; 5) o uso original da pontuação, ou a falta dela, que emancipa o sentido ou, pelo menos, deixa-o em suspenso; 6) a produção de ritmos encavalgados e de movimentos desierarquizados da frase, que tendem à pergunta e à inquietação. Todos esses elementos trabalham por uma sintaxe imaginativa em expansão contínua e dialógica, a qual é responsável pela beleza do andamento reflexivo e hedonista dos poemas — alheios à retórica e ao esteticismo.

Ana Luísa Amaral, só que bem mais jovem, é uma escritora da estirpe de uma artista complexa e livre como Agnès Varda, que costuma dizer: "Je ne filme jamais des gens que je n'aime pas". Ambas respondem com a mesma independência a questões parecidas: a política; o feminismo; a crítica do consumo; a necessidade de salvar a fantasia; o desejo de tecer a história individual em alguma história coletiva que valha a pena; o questionamento das teorias, por serem sempre masculinas; a saída pela tangente da autoencenação comprometedora; o humor cruel, mas doce; a promiscuidade procurada de intimidade e pensamento. Ambas usam estratégias similares:

a intervenção direta delas próprias (sujeito empírico-mulher) no espaço da ficção; a exposição da vida prática e da história pessoal; a revelação dos processos de produção como problemas e narrativas femininas; a mesma coragem de assumir fraquezas e de sonhar que os afetos virem imagens indeléveis. Ambas são meio voyeuristas de si mesmas e o artifício de Ana Luísa de olhar-se com um olho só para se enxergar melhor (olho de pirata?) não é estranho a uma cineasta habituada ao visor uniocular.

A promiscuidade procurada de intimidade e pensamento.

Aos poucos, a poesia de Ana Luísa ganhou uma dicção meditativa, o que a obrigou a alongar os textos, cuja densidade intelectual mais abstrata se tornaria cada vez menos dependente da reatividade lírica. O lirismo já não se satisfaz com o impulso primeiro e necessita macerá-lo no poema, gerando pensamento — poético, por sua vez. O trabalho sintático de entrelaçamentos assegurou a definição e o movimento da linha reflexiva, potencializando nexos que o andamento gráfico ou rítmico do verso sozinhos não conseguiam. Quando se dá a guinada, e como? Lembro que nos poemas mais antigos, a passagem à abstração era seca e veloz nas imagens. Ensinando, por exemplo, à filha uma receita de leite-creme, a poeta a olha nos seus olhos e tem uma sensação de infinito, logo arremetendo da farinha à Via Láctea ("Leite-creme" em *Epopeias*, de 1995). A matéria intelectual não ia, porém, além de imagens e referências diretas e o discurso poético não se lançava em âmbito conceitual nem o desdobrava obliquamente. Vejam, por exemplo, "A verdade histórica", de *Minha de senhora de quê*, cuja concisão não desenvolve a incrível e imprevista digressão que o poema arma, mas em surdina deixa-a lá. Não tenho claro como ocorreu o desvio para o reflexivo ou a entrada do poema-ensaio, mas paralelamente gostaria de indicar alguns pontos que contribuíram para tal. A certa altura, Ana Luísa iniciou uma revisão do patriarcalismo — precisamente a partir da galeria de figuras e episódios bíblicos de *Às vezes o paraíso*. Era uma política de releitura, ou de revisionismo, afinada com tendências do feminismo norte-americano, literariamente realizada, entre outras, por escritoras como Alicia Ostriker, Ursula Le Guin e Adrienne Rich. Mais que matéria, a mitologia antiga ofereceu a Ana Luísa uma técnica de dramatização de vozes, capaz não só de integrar e glosar tópicos e imaginários do passado, mas de desdobrá-los teórica e praticamente numa discussão sobre a imagem da mulher. A leitura feminista de Ana Luísa passa a examinar a construção político-cultural do amor e seu efeito na literatura, ressaltando as vozes recalcadas da tradição e desconfiando dos protocolos de delegação de voz e sentimento. Ou como concluem Natércia e Laura num diálogo de *A gênese do amor* (2005): "o destino comum/de sermos nada,// — Sendo, no verso,/ feminina gente". Todavia, o feminismo de Ana Luísa é peculiar: não é agressivo nem demolidor, marca ostensivamente as "reais ausências" (embora "reais" refiram-se no poema com esse título, em *Coisas de partir*, a reis e rainhas), interessado em acertar o ponto de vista de mulher e sua voz onde esta sequer aparece, sem negar, contudo, a tradição canônica que, a seu modo, ela reverencia e na qual, cuidadosamente, introduz a questão do gênero e delicadas profanações (para um brasileiro viciado na vulgaridade das dessacralizações e na grosseria do escracho, essas operações luso-norte-americanas podem parecer sutilíssimas). Nesse cruzamento de crítica do mito, linguagem imagética e força sintática, a professora e pesquisadora de literatura anglo-americana da Faculdade de Letras do Porto teve o benefício de incorporar a dicção de autores fundamentais de sua formação — tais como Milton, Shakespeare e Blake —, valorizados pelo rigor intelectual da imaginação poética e pela elevação da linguagem vitalizada pela imagética, sempre com uma explosiva e pessoal reinterpretação do mito e da história. Entraram em cena na poesia de Ana Luísa o sentimento cósmico, a mitologia e a história nacional de Portugal (mas sem sebastianismo), inquietações estéticas, o funcionamento da memória, o sentido da perda, dando autonomia intelectual à reflexão que agora se apoia numa armação mais dialógica. Logo muitos serão os experimentos dessa poesia, que se multiplica em dicções dramáticas, em exposições do pensamento abstrato ou releituras mitológicas. Alguns textos de *Vozes* pertencem, salvo engano, a essa categoria: "Feitos de lava", "Galileu, a sua torre e outras rotações", "Trovas de memória", "Outras vozes"; porém, a meu ver, são poemas como "Comunicações", "vozes", "Da solidão da luz", "Sonho em quase soneto" e, em alguma medida, "A vitória de Samotrácia" que, em âmbito da retrospecção, levam a reflexão abstrata para a analítica dos próprios afetos e do funcionamento social das imagens. São poemas em que a deriva intelectual se instaura com dissonância e beleza no coração do cotidiano, em que a meditação poética logo desliza para o elegíaco e o estudo do sofrimento íntimo lida com o sentimento tão contemporâneo (e geral) de que a vida e o que se vive foram-nos arrancados violentamente. Ao longo dos seus doze livros de poesia, se há uma constante na obra de Ana Luísa Amaral é a penetração do meditativo, não pela força de seus temas (não é privilégio do conteúdo deles), mas pela consistência da sintaxe que permitiu que seu verso se destravasse, intelectualizasse sua música e cadenciasse uma linguagem tanto mais desataviada e aberta.

A crítica tem assinalado na poesia de Ana Luísa Amaral um desejo de elevação e o gozo do absoluto da expressão, indicando sua afinidade com o sublime. Avançando nessa linha, Rosa Martelo sugeriu que, mesmo com tantas oscilações, em "pequenos formatos da vida cotidiana", preenchidos de teor metapoético, há recorrência de "uma espécie de nostalgia do sublime". E mais: "Toda a poesia de Ana Luísa Amaral aspira a essa espécie de magia (ou energia) verbal reparadora que, se por um lado se deseja total e absoluta, por outro lado também se reconhece eternamente ameaçada pela possibilidade de falhar". Ou, tratando especificamente da imagem no poema "O excesso mais perfeito", convencionalmente alçado a *ars poetica* maior ou a programa de intenções da autora (poema que desencadeou vários equívocos interpretativos, tais como atribuir à poesia de Ana Luísa uma propensão ao barroco ou ao antimodernismo), a crítica de *A forma informe*, pressentindo a dificuldade da designação e nuançando-a, acrescenta: "... é precisamente através do tratamento dado à imagem que podemos identificar a presença de uma poética do sublime — ou, mais rigorosamente, de uma quase poética do sublime". Magia verbal reparadora, trabalho imagético, nostalgia de algum absoluto, autenticidade dos conflitos e emoções, angústia de uma certa incomensurabilidade, sentimento de uma incompletude recorrente — levaram os críticos a falarem insistentemente em sublime. "Uma espécie de nostalgia do sublime", como adiantou Rosa Martelo, já parece uma fórmula relativizadora e boa que, menos assertiva, joga luz sobre a junção paradoxal de metapoesia, diário, partitura de hesitações, insatisfação e, quem sabe, sublime. Se sublime for, nesse caso, idealização, esta praticamente rareia no correr das páginas de poesia de Ana Luísa, mas se for uma elocução elevada, esta pode ocorrer situacionalmente nos poemas e dentro de uma estrutura em que o prosaísmo, a fragmentação e a quebra do verso têm alta incidência. Além desses, caberia à metapoesia, como elemento antienfático e sabotador da elevação dentro da tradição moderna, interromper a idealização romântica do sublime. Ainda por cima, aqui, a metapoesia anda às voltas com a banalidade dos afazeres, da vida prática, com sucessivas carências subjetivas e a involuntariedade da memória, o que poderia comprometer as presunções da elaboração formal e da *diction*, rebatendo-as num plano sem grandeza dos episódios avulsos e miudezas. O sublime nunca se sobrepõe na sua poesia ao mundo de experiências e referências concretas, nem ela está livre da pressão do prosaísmo como um contrapeso desidealizante. O onipresente teor metapoético da poesia de Ana Luísa tem a função paródica de desmanchar a exaltação momentânea do discurso, sem destruir, no entanto, a aura dos sentimentos, do erotismo, da fantasia em série, sabendo preservá-los como horizonte de referências, num verso incrivelmente desafetado e irônico, sem jamais — e isto não deve ser subestimado — sacralizá-los. Mas não é só o metapoético a inviabilizar o sublime: o lirismo de Ana Luísa é objetivo, fundado na materialidade das sensações e na descrição da sua produção, nomeando com vagar a formação da fantasia e o acontecer do próprio desejo. O teor formulativo de seu verso, intelectualmente dotado e sem medo da abstração, escrutina as condições de possibilidade do próprio poema, em ritmo tendente ao deceptivo e nos enleia no prazer do condicional. É uma poesia que aprecia a paráfrase da experiência da beleza, ou dos instantes eróticos, com lucidez e clareza das circunscrições tempo-espaciais. Exposição lúcida ou angustiada dos sentimentos, dureza dos espaçamentos ou segmentos destacados da regularidade da métrica, tudo, porém, confluindo para um ponto de fuga ou de transcendência, mas sem qualquer idealização ou mística epifânica. Quando algo do gênero ocorre, merece a designação de "furor do breve" pela limitação do desconcerto, cobrando da voz que fala alguma compreensão do que está em curso nessa irrupção: ver, por exemplo, "vozes" ou "Sonho em quase soneto". Acredito que, a despeito de picos de elevação e da consistência do timbre elegíaco, não estaria sendo menos rigoroso se sugerisse que na poesia de Ana Luísa existe uma quase poética do antissublime.

Sentimental, amorosa, idiossincrasicamente circunstanciada, a poesia de Ana Luísa Amaral assume-se como um fluxo autoconsciente e metapoético: produção e verificação de si e da sua ainda arte de hesitar e voltar à antiga hesitação. À procura de sentimentos para viver, mas com desconfiança do quanto existe do mundo nas suas próprias sensações e intimidade.

É curioso que uma autora teórica e militantemente alinhada à *queer theory* e ao magistério de Judith Butler, ao escrever poesia, não pratique a identidade como encenação e quase sempre escreva para fixar e refixar a própria experiência e a continuidade sensorial e existencial dessa experiência *contra* o tempo. A instabilidade textual continuamente recriada pela interferência metapoética desempenha aqui uma regulagem do poema já fora do âmbito do eu ou dos limites de uma discussão exclusivamente identitária: o poema se adensa, sem fluidez ou descentramento, como realidade existencial e texto autocrítico. Tal representação se impõe e, se eu não estiver enganado, é por isso, e para tanto, que a poesia de Ana Luísa se enraíza tão obsessivamente na matéria íntima, nas sensações comuns do dia a dia, na experiência em família, nos encontros e desencontros da amizade e da paixão, na luz, cor e cheiro das cidades em que viveu ou na descoberta de si mesma no estrangeiro — *Vozes*, por exemplo, reforça a inteireza de sentido de uma mesma e infinita procura. Um mundo de continuidades e referências estáveis (eternidades?) que, ao se fragmentarem, subentendidas ou ironizadas, são expostas como uma constelação em fuga, são reconhecíveis e reconfiguráveis pelo leitor. A tarefa da poesia, dizem-nos os poemas de Ana Luísa, é recuperar o pensamento do vivido pelo corpo, dando-lhe voz para pronunciar o que não foi desumanizado pela sociabilidade existente — e esse pensamento não é performático. O instante está sempre a conflagrar o eu, mas é como eu que reage com seu sistema de palinódias, o qual serve como ponto de fuga, passado e memória individuais. Existe uma substancialidade biográfica fora da linguagem, mesmo que ela não se separe da interpretação e da reinterpretação, da fantasia gratuita e da efabulação preparada. Não se pode dizer que o sentido se esgote nos efeitos retóricos do discurso e nem que a identidade seja um regime disciplinar que obrigue o sujeito a introjetá-la. *Vozes* o demonstra abundantemente: o poema recompõe/decompõe a substancialidade da realidade emocional — Ana Luísa, mulher e escritora, sobredetermina o jogo que só assim alcança uma dimensão não individual e coletiva como olhar e escrita. A autora desses poemas ainda quis ser Ana Luísa Amaral como ponto de chegada — e este é o encanto de sua poesia. A imaginação física e sensualmente implicada nessa tarefa, e a identidade poética que aí se configura, é uma negação da fragmentação socialmente imposta, responde com a própria fixidez e a precisão de traço à pressão antagônica dos conflitos sociais. Estou sugerindo que essa poesia navega livre, com independência, das posições que profissionalmente a autora possa adotar como crítica, professora ou conferencista. Nem deve tampouco ser lida a partir dessas teorias. Tal não assinala uma divisão interna e conflitiva dos processos de criação dela, mas simplesmente — é o que eu penso — o fato de que hoje a teoria não lida com processos artísticos, nem consegue definir a matéria de cada poema ou obra de arte em sua magnífica singularidade. Tomando o lugar do pensamento crítico, na sua falta, a teoria tem oferecido uma argumentação retórica que hoje vale como um arremedo de contraideologia numa sociedade em que a ideologia já não tem relevância, uma vez que o sistema produtivo, o império das coisas e a administração do consumo e da cultura cumprem a função que era dela. Até muito marxismo que anda por aí, sabemos, não passa de um marxismo editorial. A teoria contemporânea é parte da indústria cultural, enquanto que a poesia autêntica escapa do seu âmbito... A poesia que se realiza como tal e o é de fato, tem relações com o real, com o eu e a reflexão que se opõe a essa tralha toda, figurando com invenção própria um modo de ver:

"Terás assim um cesto
que aos olhos de quem vê
é um cesto só teu,
onde escondeste as coisas

do costume dos cestos: flores, solidões.
rastilhos, bombas."

É como mulher que Ana Luísa retoma no ciclo "Outras vozes" os conhecidos emblemas míticos de *Mensagem*, de Fernando Pessoa, e recria a mitologia portuguesa das navegações e o tempo das descobertas. Pode intrigar que uma poeta feminista dirija suas vistas para a história medieval, interessada em sonho, desejo e no imaginário como motor das realizações e conquistas históricas (e tenho de lembrar: foi a mesma mitologia aplicada que atraiu o interesse historiográfico de Sérgio Buarque de Holanda para escrever *Visão do paraíso*). É um olhar enviesado, e às vezes turvo, para o que é decisivo no processo de criação das imagens de magníficos personagens do passado, como o Infante D. Henrique, Dona Filipa de Lencastre ou D. Pedro, o Cru — um olhar mais interessado na figuração mítica e na sua transformação em símbolo do que propriamente nas figuras históricas ou na interpretação histórica do período. Os pressupostos da aventura marítima e da expansão comercial aqui estão no escuro da alma — combinação de cobiça, terror, crenças e superstições. Ana Luísa apresenta no poema "Outras vozes", do ciclo de mesmo nome, uma espécie de fábula alternativa sobre o deslumbramento dos viajantes com os corpos e a natureza, à maneira de uma visão realizada da utopia do diverso e do desconhecido, em contraste gritante com a visão cinza dos poderosos e dos "mais pequenos", que juntaram as mesquinharias e os acabrunhamentos para as grandes viagens, abandonando mulheres e crianças ("A gênese", no mesmo ciclo). Nesses dois textos, talvez mais que nos outros do ciclo, há a sugestão de que a crônica medieval apreendeu uma humanidade perdida, foi então capaz de adivinhar, pela imaginação física do sonho, do desejo e da fusão dos sentimentos, a lógica dos fatos históricos. Ou, em versão menos empática, com um quê de pesadelo, após ter plantado o pinheiral que fornecerá nos séculos seguintes o madeirame das naus, D. Diniz sonha a etapa seguinte da história de Portugal e em sonho vê caravelas e cotas de malha, que ainda não existiam, mas nesse sonho etnocêntrico "não havia outra gente:/ só a sua". Como estamos longe do messianismo nacionalista de "Cumpriu-se o Mar, e o Império se desfez./ Senhor, falta cumprir-se Portugal!".

Lida à distância desse ultramar, a poesia de Ana Luísa pode suscitar a constatação: quão bela e poderosamente se transformou o lirismo português para assim adquirir uma pertinência contemporânea e uma verve reflexiva voltada à atualidade. Ana Luísa responde a seu modo e radicalmente a um tempo sem qualidades, sem afetos, sem confrontações e sem revolta, com um poema que qualifica seus próprios afetos pela possibilidade de torná-los límpidos e assumidamente problemáticos. Ela não estiliza com sarcasmo ou causticidade o sentimento do fim de linha europeu (como fazem Manuel de Freitas, e a turma dos poetas que o cerca, que representam o polo mais vivo de renovação da poesia contemporânea em português, ao lado de Adília Lopes e Ana Luísa). Ela não aspira à antipoesia, nem finge assistência humanitária como uma poeta sem fronteiras. O poema ainda vale como qualidade (suponho: atenção e arte) ou, como diz numa passagem belíssima de "Um pouco só de Goya: Carta a minha filha", de *Imagias*:

"A vida, minha filha, pode ser
de metáfora outra: uma língua de fogo;
uma camisa branca da cor do pesadelo.
Mas também esse bolbo que me deste,
e que agora floriu, passado um ano.
Porque houve terra, alguma água leve,
e uma varanda a libertar-lhe os passos."

Algo floriu num espaço exíguo, numa terra mínima, aguada sem ressentimento e sem culpa, mas floriu. E essa dramatização mínima é feita dentro de um espaço nacional cuja memória a poesia deve alimentar e com destemor recriar. Para usar uma palavra que aprendi com ela, cantão, ousaria dizer que Ana Luísa guarda amorosamente o seu cantão. Cantão significa área de preservação de um rio, floresta ou estrada, e cantoneiro é o guarda do cantão. Guardar o cantão, acrescentemos, é continuar modos de ser e querer, aprendidos e vividos, mas conseguindo transformá-los pelo ritmo do próprio indivíduo e da sua liberdade, em área cercada e sob ameaça, confiando com fibra e teimosia que nessa área as leis do mercado não são tudo. É olhar para trás e ter o que olhar, com a possibilidade de pertencer a algum mundo palpável: uma tradição renovada em que se pode reconhecer com familiaridade as fantasmagorias do passado, ao mesmo tempo em que o sentimento de exílio em relação ao destino geral tende a crescer (escreve em "Da solidão da luz" sobre as ruínas de uma sala de livros: "Morrem devagar o tempo e os livros,/ as estantes todas que habitam a sala:/ pobre microcosmo do Bem e do Mal,/ e do que nem isso, que é o mais vulgar."). É pelo ângulo do sentimento lírico que ela contempla a desagregação contínua e geral e discretamente a constata em seu poetar e sentir.

Celebra-se a expansão modesta e apertada de uma batata na varanda em direção ao possível e é este possível que faz viver.

Explica a poeta a vertente afirmativa e questionadora de sua poesia: *"Há de a poesia, de fato, ser parte do mundo. Ela nunca deixou de o ser, mesmo quando parecia mover-se em torno do eixo central do intimismo ou quando ambicionava ser árduo trabalho sobre a linguagem. O sentido da poesia nunca deixou de ser político, no contínuo poder de criar, de recriar; de, através da criação de conceitos, mobilizar a imaginação. Por vezes também de lhe impedir novas inflexões e, no campo das relações humanas, de a rigidificar (basta pensar na importância da poesia trovadoresca e do ideal petrarquista, transpostos em poesia, para a construção de uma leitura social do amor). A poesia como ato pode ser também a poesia como x-ato. A que muito poucos de nós são imunes, mesmo aqueles que não leem nem escrevem poesia."* Nota: "x-ato" significa estilete.

Ana Cristina César, em texto conhecido, assumindo-se farta da literatura (e da própria literatice) para acentuar o xarope e o ridículo da cena dizia-se "estar sentida e portuguesa". Isso nos idos de 1970. A poesia de Ana Luísa Amaral é sentida e portuguesa em circunstância outra em que a política antiliterária e transgressiva perdeu a efetividade, inclusive por estar normalizada. Carregada de sentimento e história nacional, ela não ambiciona representatividade portuguesa e a expressão de um *ethos*, muito pelo contrário, demonstra copiosamente o quanto este *ethos* é uma construção unilateral e histórico-política. Nas "Trovas de memória", a Dama e seu trovador atam um bate-boca que subverte a mitologia das cantigas de amor — se o trovador não só matava a amada ao eternizá-la no texto e, a invocá-la a cada leitura, não se cansava de desejá-la, agora é ela, a amada, que interrompe tal economia de desejo e delegação, pedindo-lhe que reduza o texto a cinzas, ainda que ela o prefira à vida lá fora (atenção para a música das sutilezas!). A amada questiona a soberania do amor de voz única e o regime das simulações que governa a cantiga de amor (e outras cantigas), inclusive silenciando a mulher, objeto desse amor, pelo imperialismo das línguas e a glória dos feitos guerreiros. A invocação amorosa feita por homens seria uma forma de destruição e sublimação do objeto amoroso, ao qual, no entanto, Ana Luísa, como poeta e feminista, dá uma chance de reciprocidade, permitindo à Dama de própria voz questionar os rituais do convite e subestimar jocosa ou irascivelmente a imaginação do cavaleiro apaixonado (atenção para o teatro das esquivanças!). Isso não antes de a senhora dar ao convite amoroso um portentoso não. Em suma, esse é um jogo nada convencional (e escrito em humor negro), em que o papel feminino, como simulação, ou ficcionalização, interage com relações de poder e de prestígio da tradição oficial e, a despeito de tudo, diz a Dama, o poema não é o inferno que o Cavaleiro diz para enganosamente trazê-la à vida. Sentimento e formação nacional são problemas reconfigurados pela atualidade de uma perspectiva antimítica, modificados pela ansiedade de uma imaginação radicalmente contemporânea e verificadora da tradição. É essa a sua diferença em relação a escritoras da nossa antiguidade mais recente, como Ana Cristina César, que estavam empenhadas em ostentar uma autoimagem liberada e pós-moderna nas suas autoficcionalizações camaleônicas. Sentir histórico-poeticamente em *Vozes* se contrapõe à opacidade contemporânea — a da sociedade, a da vida, a da literatura —, assim como a história nacional, revivida através da poesia portuguesa, oferece um horizonte coletivo para abrigo contra o bombardeio que o capitalismo está impondo às sociedades integradas e organizadas do centro, mesmo às pequenas, e que, nem por isso, devem ser agora desmanchadas. Sentimento e história nacional são limites, que mesmo estreitos, apertados, absurdamente unilaterais, contêm uma experiência coletiva em meio à catástrofe contínua do inferno de um presente.

Outro "fulgor do breve" são os Açores. Na sequência de "Feitos de lava", Ana Luísa vê na topografia das ilhas a explosão de antes do início, uma confusão de cor, beleza e intensidade, próxima à perfeição. A explosão primigênea permanece nas formas, na reiteração de formas, figurada e palpável nas superfícies da paisagem. A visitante que as contempla sabe que a paisagem continua em transformação, sem saber se é uma figura de apaziguamento ou a imagem do próximo abismo, enquanto a pequena civilização surgida no arquipélago prossegue em sua lida com a falta de espaço e o mar. Mas ela se pergunta também no plano cosmológico se a paisagem não é a mensagem de um apagar-se e reescrever-se eternos de um "desenhado arremedo de infinito".

Muitos poemas acabam com travessão. Não é um sinal de fechamento. O travessão ao fim sinaliza que existe vida do outro lado e o poema passa a palavra, não podendo mais fazer de conta que a forma não se importa com o que lá está. E continua.

## SOBRE A AUTORA

ANA LUÍSA AMARAL - Nasceu em Lisboa, em 1956, e vive, desde os nove anos, em Leça da Palmeira. É Professora Associada na Faculdade de Letras do Porto. Tem um doutoramento sobre a poesia de Emily Dickinson. As suas áreas de investigação são Poéticas Comparadas, Estudos Feministas e Teoria Queer. É autora, com Ana Gabriela Macedo, do *Dicionário de Crítica Feminista* (Afrontamento, 2005) e coordenou a edição anotada de *Novas Cartas Portuguesas* (Dom Quixote, 2010). Coordena neste momento o projeto internacional *Novas Cartas Portuguesas 40 anos depois*, financiado pela Fundação para a Ciência e Tecnologia (FCT), envolvendo 13 equipes internacionais e mais de 15 países.

Os seus livros estão editados em vários países como França, Brasil, Suécia, Holanda, Venezuela, Itália, ou Colômbia. Encontra-se ainda traduzida em antologias para inúmeras línguas.

Em torno da sua obra foram levados a cena espetáculos de teatro e leituras encenadas (como *O olhar diagonal das coisas*, *A história da Aranha Leopoldina*, *Amor aos pedaços* ou *Próspero morreu*).

Em 2007 teve o Prêmio Literário Casino da Póvoa/Correntes d'Escritas, com o livro *A Gênese do Amor*, também selecionado para o Prêmio Portugal Telecom. No mesmo ano, foi galardoada em Itália com o Prêmio de Poesia Giuseppe Acerbi. O seu livro *Entre Dois Rios e Outras Noites*, obteve, em 2008, o Grande Prêmio de Poesia da Associação Portuguesa de Escritores e, em 2012, o seu livro *Vozes* obteve o Prêmio de Poesia António Gedeão. A sua obra foi ainda recentemente proposta para o Prêmio Rainha Sofia de Poesia Ibero-americana.

POESIA:

*Minha Senhora de Quê*, Fora do Texto, 1990 (reed. Quetzal, 1999).
*Coisas de Partir,* Fora do Texto, 1993 (reed. Gótica, 2001).
*Epopeias*, Fora do Texto, 1994.

*E Muitos Os Caminhos*, Poetas de Letras, 1995.
*Às Vezes o Paraíso*, Quetzal, 1998 (reed. 2000).
*Imagens*, Campo das Letras, 2000.
*Imagias*, Gótica, 2002.
*A Arte de ser Tigre*, Gótica, 2003.
*A Gênese do Amor*, Campo das Letras, 2005.
*Poesia Reunida (1990-2005)*, Quási, 2005.
*Entre Dois Rios e Outras Noites*, Campo das Letras, 2007.
*Se Fosse um Intervalo*, Dom Quixote, 2009.
*Inversos, Poesia 1990-2010*, Dom Quixote, 2010.
*Vozes*, Dom Quixote, 2011.

Teatro/Poesia:

*Próspero Morreu*, Caminho, 2011.

Ficção:

*Ara*, Sextante Editora, 2013 (no prelo).

Literatura infantil:

*Gaspar, o Dedo Diferente e Outras Histórias*, Campo das Letras, 1999.
*A História da Aranha Leopoldina*, Campo das Letras, 2000 (ed. revista e ampliada, com audio-livro, Civilização, 2010).
*A Relíquia*, a partir do romance de Eça de Queirós, Quasi, 2008.
*Auto de Mofina Mendes*, a partir da peça de Gil Vicente, Quasi, 2008.
*Gaspar, o Dedo Diferente*, ed. revista, Civilização, 2011.
*A Tempestade*, Quidnovi 2011.
*Como Tu*, Quidnovi, 2012.
*Lenga-lenga de Lena, a Hiena*, Planeta Editores, 2013 (no prelo).

Traduções:

*Mar Meu/My Sea of Timor* (poemas de Xanana Gusmão), co-trad. Kristy Sword, Granito, 1998.

*Eunice de Souza: Poemas Escolhidos*, Cotovia, 2001.
*Ponto Último e Outros Poemas* (poesia de John Updike), Civilização, 2009.
*Emily Dickinson, Cem Poemas*, com posfácio e anexos, Relógio D'Água, 2010.
*Emily Dickinson, Duzentos Poemas*, Relógio d'Água, 2013, no prelo.